股票投资宝典

价投圣经

武宏洲 ◎著

JIATOUSHENGJING

价值投资为您提供了一种走向财富自由之路的可能性

此书是您股票投资取得长久成功的坚实基础，至少可以让您少走十年弯路。赠人玫瑰，手有余香，如果觉得本书不错，就推荐给您的朋友们吧！　　——武宏洲

经济管理出版社
ECONOMY & MANAGEMENT PUBLISHING HOUSE

U0694886

图书在版编目（CIP）数据

价投圣经 / 武宏洲著 .—北京：经济管理出版社，2021.3
ISBN 978-7-5096-7677-6

Ⅰ.①价… Ⅱ.①武… Ⅲ.①股票投资 Ⅳ.①F830.91

中国版本图书馆 CIP 数据核字（2021）第 007438 号

组稿编辑：杨国强
责任编辑：赵天宇
责任印制：黄章平
责任校对：张晓燕

出版发行：经济管理出版社
　　　　　（北京市海淀区北蜂窝 8 号中雅大厦 A 座 11 层 100038）
网　　址：www.E-mp.com.cn
电　　话：（010）51915602
印　　刷：唐山昊达印刷有限公司
经　　销：新华书店
开　　本：710 mm × 1000 mm/16
印　　张：11.25
字　　数：162 千字
版　　次：2021 年 3 月第 1 版　2021 年 3 月第 1 次印刷
书　　号：ISBN 978-7-5096-7677-6
定　　价：48.00 元

武宏洲滚雪球

扫描上面的二维码，关注我吧

　　此书是您股票投资取得长久成功的坚实基础，至少可以让您少走十年弯路。赠人玫瑰，手有余香，如果觉得本书不错，就推荐给您的朋友们吧！

——武宏洲

目 录

第一章　如何取得投资成功？

第一节　管理层

一、如何判定一家公司的管理层足够优秀？

巴菲特有一个小测试，就是认真问问你自己，是否愿意把女儿嫁给他。如果答案是否定的，那最好还是敬而远之，不要贪图那点看起来的小便宜。

如果一家公司有一个非常优秀的管理层，而公司恰恰当前遇到暂时的困难，导致股价大跌，那这时候很可能是你买入的很好时机。

孔子有个弟子叫公治长，德才兼备，传能通鸟语，位列孔子七十二弟子之二十。虽然公治长还在蹲监狱，但孔子认为那不是他的罪过，还是决定把女儿嫁给他。

如果孔子生于当世，应该会是一个像巴菲特那样非常重视管理层的投资大师。

二、不要让自己处于别无选择的地步

投资中有一句话，在别人贪婪时恐惧，在别人恐惧时贪婪。熊市是抄底的最好时机，每个人都知道，但却很少有人做到，为什么呢？因为心态崩溃了。为什么崩溃了呢？因为过早买入丧失安全边

际而导致了心态的崩溃。

投资中，安全边际是核心原则，如果你分析一只股票值10元，最多跌到8元，那么当跌到10元时，最好的方法是先买入一部分——如果接下来止跌反涨，那你就马上赚了；如果继续跌到8元，你也不会懊恼，因为你还有钱，"逢低买入"本来就是计划的一部分。

但如果当初一跌到10元，你就全部买入，一旦继续下跌到8元，你很可能因为20%损失而心态崩溃，对自己的判断产生怀疑，那么接下来，无论是"割肉"还是"解套就离场"，都将是错上加错。

大部分人都有一个习惯，预测时犹豫不决，可一旦做出选择之后，却又一意孤行，人生不是一个选择，而是一个接一个的选择，错了一个没关系，关键是——任何时候都不要让自己处于别无选择的地步。

当你失去了安全边际时，你已经输不起了；当你觉得自己输不起的时候，你实际上已经输了。

第二节 股票的公道价格

一、怎么样才能确定一只股票的价格是否公道呢?

《穷查理宝典》中介绍了"查理·芒格"在挑选股票的过程中所需把握的几个原则：第一，正确认识财务报表。投资前，投资者要将股票看成对企业的所有权，根据竞争优势判断企业的持久度，寻找那些比所支付的价格更高的贴现未来现金流价值。查理·芒格以怀疑的态度和额外的审查因素来审查一家企业的财报，这些因素包括：制度、技术、环境，以及潜在风险变为现实的可能性等。第二，评估企业的管理层。优秀的企业管理层，能够做出有助于企业健康发展的理性决定，提升股东持股价值，从而给持有人带来长期收益。事实上，管理层是否站在股东的角度进行分配，如何支配现金，是否给自己太多的酬劳，是否盲目地追求增长，这些问题都是需要考虑的。第三，评估企业的竞争优势。查理·芒格会用自下而上的择股策略深入研究公司基本面，试图从产品、市场、商标、雇员、分销渠道、社会潮流等方面来评估一家企业的竞争优势以及这种优势的持久性。他认为，一家真正伟大的公司必须有一条坚固持久的"护城河"，而竞争优势正是这条"护城河"，保护企业的高投资回报。

此外，查理·芒格会在考虑未来股权是否会稀释的前提下，计算整个企业的真正价值。对比投资者得到的价值和所要付出的价格，这时候就知道了一只股票的价格是否公道。

此外，巴菲特是这样说的：内在价值确实特别重要但是极其难搞。我们尽量去买那些我们能够大概率预见未来的公司。就好比一旦你拥有了一条输气管道，走错的概率也没那么高了。

有时候竞争者的参与会迫使你降价，但是如果你事先把这个因素考虑进去的话股票的内在价值就不会下降。最近我们查看了一条可能会因为其他管子也开始向该地区输气而备受压力的管道（此处股神的意思是有其他玩家入场），要是我们以成本最低的那条管道的角度来看这件事情就会发现只要成本够低就根本不会怕被取代。如果你能正确地计算内在价值，你就会在估值的时候把"价格不断降低"这个因素算进去。

当我买入一个公司的时候，我们会算算这个公司能产生的现金，然后再对比一下买入价格。我们必须对自己做的预测极其自信而且买入价要极具说服力。时间长了，收获的惊喜会比当初预测的大得多。

我在投行家的书里从来没见过有说未来预计收益会下降。但是很多公司的利润确实在下降。我们在德克斯特（Dexter）鞋上就犯过这个错误——税前盈利4000万元，我预计还会继续盈利，结果证明我大错特错。500强公司里有20%的公司盈利在五年内会大幅缩水，可我不知道是哪20%。如果你在这一点上实在无法合理预判，那我建议你还是别想了。

二、为什么价值投资在 A 股有效?

巴菲特在1984年的一次演讲中回答了价值投资的成功是否是幸存者偏差的问题，他提到：在猴子掷飞镖的游戏中，如果发现成功的猴子都来自同一个动物园，那么说明这种成功并非源于偶然。

巴菲特列举了一批投资者，他们年复一年的，取得了比S&P500指数更好的投资成果。这些人的投资风格很不一样，但在思想上有共同点：他们都是在购买公司，而不是买股票；他们都是根据公司的内在价值与其市价之间的差异来投资获利的。

其实，价值投资在全球市场都有显著的正向效应，越成熟的市场，超额越小。欧美市场超额收益使用策略的收益比较小，因为信的人比较多，当然欧美市场信息更透明公开，机构投资占比更大。

而在中国市场，我们以量化的手段回溯检验，发现即使是最简单的低估值价值投资策略在A股市场也是非常有效的。2008年上证指数到现在跌了将近一半，10年来真正净值增长2元，超额收益5.8%。其实这是最简单的低估值的价值投资策略，但坚持10年也是有收益的，且超额收益明显。

在A股市场上，存在一批优质的上市公司，不断靠业绩增长推动股价上涨，这批优质公司的存在是A股适合做价值投资的基础。目前看这样的上市公司数量还是偏少，希望未来这样的公司越来越多，这样的公司越多，A股越有可能走出长期"慢牛"走势。

三、如何形成自己的投资风格？

对于形成自己的风格，查理·芒格有着独到的见解—如果你的思维完全依赖于他人，只要一超出你的领域，就求助专家建议，那么你将遭受很多磨难。查理·芒格认为，作为投资者要有自己的独立思维，形成自己的投资风格，只有这样才能从容应对市场抛来的难题。真正的价值投资者，不仅应当具备投资者的专业素养，而且要形成自己的投资风格和投资判断。关于如何形成自己的风格，特兰·格里芬在《查理·芒格的原则》一书中指出，需要关注以下七个可变因素：

一是确定企业恰当的内在价值。内在价值是一个估计值，估值时查理·芒格会从"所有者盈余"入手，对于确定估值太难的企业，他会选择放弃。二是确定适当的安全边际。拥有极大的安全边际相当于投资时有了"保护伞"，查理·芒格喜欢具有较大安全边际、投资评估相对容易的企业。三是明确自己的能力范围。查理·芒格认为，要明确自己能力圈的边界，在能力圈内，投资者的专业能力和知识会让其在评估投资价值时占据优势，打败市场；超出能力圈范围投资，则极容易陷入麻烦中。四是集中投资，平衡配置。在选择投资策略时，对查理·芒格来说集中投资是最佳的选择，深入了解几家公司好过对许多公司都只是"蜻蜓点水式"的了解。投资的关键是找到被市场错误定价的企业，这样的企业在投资组合中的数量要少于20只。五是决定卖出时机。当股票的价格上涨时，安全边际开始减少，下跌的风险逐渐增加，当持有的企业价值反映价格以及被低估的因素不复存在时，就是卖出的时候。六是花多少钱投资于被错误定价的资产。花多少钱进行投资，取决于被错误定价资产具有的优势。查理·芒格通常只在自己占有绝对优势时才进行投资，虽然绝对优势不常有，但一旦机会来临，他会大规模投资。七是挑选高品质的公司。从长期来看，在投资中拥有高品质的企业，能带来意想不到的收益。查理·芒格用企业资本回报能力的大小和持续性这两个指标评估企业的品质，高品质的企业能够给股东带来持续的回报，保持稳定的增长和强大的竞争力。

第三节 如何理性应对市场回撤？

一、如何理性应对市场回撤？

资本市场历史上，熊市、回撤甚至股灾都曾多次上演，投资者难以避免。巴菲特曾有过清仓躲过股灾的经历，也有过满仓穿越牛熊的历史，只要胸有成竹，就能够安心对待市场的波动与回撤。

2000年科网股泡沫破灭后，美国股市大跌，2000~2002年巴菲特的业绩却逆市上涨。因为巴菲特早已做好了应对市场下跌的准备。在1995年到1999年网络和高科技股票猛涨之时，巴菲特一直坚定持有可口可乐、美国运通、吉列等传统行业公司股票，正是这种长期价值投资策略，让巴菲特安然度过。

巴菲特是一个非常谨慎的人，赚的是企业的钱，而不是市场的钱，追求的是企业内在价值的持续增长。所以他把确定性看得非常重。他曾说过："我从不试图通过股市赚钱。我们购买股票是在假设它们次日关闭股市，或者在5年内不重开股市的基础上。"

这种确定性，一是来自公司内在价值的持续增长。巴菲特坚信价格最终会反映价值："市场可能会在一段时间内忽视公司的成功，但最终一定会用股价加以肯定。"短期内市场是一台投票机；但在长期内它是一台称重机。二是来自安全边际，也就是买入价格和内在价值之间的差距。巴菲特坚信，安全边际是投资成功的基石，只有足够的安全边际才能提供足够的投资安全保障，才有投资盈利的确定性。铺设桥梁时，你坚持可承载重量为3万磅，但只准许载重1万磅的卡车通过，相同的原则也适用于投资领域。

对于格雷厄姆提出的两个基本原则，巴菲特不断地进行强调：第一，不要损失本金；第二，永远不要忘记第一条。

即使在市场一片恐慌之时，巴菲特也没有过多地关注股市。他照样安安静静待在办公室里，打电话、看报纸，看上市公司的年报。面对财富的短期缩水，他非常平静。原因很简单：他坚信自己持有的这些上市公司具有长期的持续竞争优势，具有良好的发展前景，具有很高的投资价值。他坚信市场最终会恢复正常，持有的公司股价最终会反映其内在价值。

这是对所有投资者的启示，如果在决定买入股票时，不是因为股价的上涨，而是因为企业质地优秀而且价格低估，是对行业、对企业本身深入分析调研后精选出的个股，那就能做到只关注长期的复利收益，而不在乎中间波动。

二、如何让时间站在你这一边?

"当你持有好公司的股票时,时间就会站在你这一边,持有时间越长,赚钱的机会就会越大,耐心持有好公司股票终将有好的回报。"正如彼得·林奇所说,投资优秀的公司是获取超额回报的重要保障。要想在长期投资中业绩最大化、风险最小化,投资者需要运用正确的投资法则才能在市场中挖掘出优秀公司,做大概率的投资。总结自己的投资经验,彼得·林奇在《战胜华尔街》一书中送给投资者三个投资法则。

法则一,从"低迷行业"中寻找机会。林奇在选择投资行业时,倾向于"低迷行业"而非热门行业。原因在于低迷行业成长缓慢,经营不善的弱者将会被市场淘汰出局,幸存公司的市场份额就会随之逐步扩大。这类公司能够在陷入停滞的市场上不断争取到更大市场份额,远胜过那些增长快速但市场份额却逐渐萎靡的公司。它们从被大公司忽略的市场中找到扩展空间,并形成独占性的垄断优势,因此这些公司虽处于低迷行业,却能保持比许多热门行业中公司还要快的增长速度。

法则二,投资灵感来源于生活,在日常生活中发现投资机会。"如果你喜欢一家上市公司的商店,你可能也会喜欢上这家公司的股票。"林奇通过研究发现,许多股价涨幅较大的优质股票,往往就来自数以百万消费者经常光顾的商场。大量用户的消费,会推动相关公司的业绩上升,最终显示在资本市场的股价上。他认为在日常消费领域,普通人比专业投资者具有更敏锐的嗅觉,只要细心观察,扎实研究,也能够发现有成倍增长潜力的好公司。这个法则也被称为林奇的"逛街选股法"。

法则三,逆向思维,从利空消息中挖掘"好生意"。"想在股市上超越别人,就得有胆量为人所不能为,勇于在市场利空中挖掘机会。"林奇建议投资者通过价值分析,在利空环境中实现低风险获利。此外,他提醒投资者,在利空环境下"寻宝",要建立在对上市公司的认真研究基础之上,甄别利空消息对公司的影响是短期还是长期,是否会渗透影响公司的经营。如果一家公司在环境不佳时

7

还能保持增长，那么在利空消化之后大概率会有更加出色的表现。

三、什么样的小公司能够产生稳健的长期回报?

能够产生特殊稳健的长期回报的小公司股票具有以下五个特点：

（1）具有不断加宽的护城河。由于小公司往往与拥有更多资源的大公司竞争，要么小公司目前拥有区域性护城河，要么在建立经济护城河方面取得显著成功。当然，我们更愿意看到区域性垄断的小公司。

（2）复利增长机会。一家小型公司能够持续地在股票和资本上产生两位数的回报，并以同样高的回报率将其大部分利润再投资于业务，这可以产生显著的增长。

（3）高效的管理团队。巴菲特曾开玩笑说，"火腿三明治可以经营可口可乐"——这意味着大型企业经营得如此高效，其品牌价值如此之高，管理部门不需要做太多的事情来维持企业的繁荣。对于管理决策可能对结果产生更显著影响的小企业来说，情况并非如此。诚然，从外部判断管理团队的技能可能很困难，但有一些因素可以提供有价值的见解。首先，我们可以分析管理层的资本配置决策，即有关股息、股份回购、再投资和收购的决策。举例来说，一家公司进行了一系列不明智的收购，或者一直为回购股票支付了过多的费用，这可能表明管理层的资本配置技能很差。

（4）稳健的资产负债表。由于小型企业对商业周期的波动更为敏感，过多的债务甚至会加剧需求的微小变化，削弱公司与大型企业竞争的能力。在其他条件相同的情况下，保守的资产负债表是小型公司的一个吸引人的特征。

（5）产生自由现金流的能力。一般来说，小公司更注重投资以获得更高的利润，而且在投资过程中经常会消耗掉现金。在某些情况下，这可能是正确的战略，但一家公司如果能够在投资未来和产生现金流之间取得平衡，那么它可能正在做一些正确的事情。然而，小盘股并非没有风险，小盘股价格往往更不稳定。无论用什么方法来评估小盘股投资，保持多元化都很重要，因为即使是最有希望的公司想法也会遭遇一连串的厄运。

第四节 如何避免陷入"羊群效应"？

巴菲特的一句名言几乎人人都知道——"在别人贪婪的时候恐惧，在别人恐惧的时候贪婪。"寥寥数语，执行起来却非常难。原因在于，贪婪和恐惧的界限仅在一念之间，并不分明。

作为个人投资者，我们常常无奈于自己的非理性，或多或少受到情感的影响。我们发现当市场中出现群体性狂热时，在股市这一信息并不完全对称的市场中，每个参与者，无论是更为理性的机构，还是更容易被情绪左右的个人，都容易受到他人行为的影响，进而忽视自己的私人信息而模仿他人行动的决策行为。这种现象被称为"羊群效应"。

最早提出股市中"羊群效应"概念的是著名经济学家凯恩斯。凯恩斯将选股比作"选美"。现在，选美比赛参与者被要求从100张照片中挑出最漂亮的6张，谁挑出的照片得票最多，谁就是胜利者。结果发现，获奖者往往选的不是自己认为最漂亮的，而是选出最能吸引其他竞争者的。这使竞争者尽可能地猜测别的竞争者可能的选择，并模仿这种选择，无论自己是否真的认为当选者漂亮。这种行为就解释了"羊群效应"产生的原因。

即使专业的投资经理人也难以避免陷入"羊群效应"。投资人很少有勇气与大众的观点抗衡，与市场做相反的动作，这导致大家的看法较为一致，因此追涨杀跌，人云亦云。其实，投资经理及研究员也有这样的倾向，与市场做完全相反的动作需要更大的勇气。

大众心理无处不在。这与组成群体的个体素质无关，这时候起决定作用的是本能和情感，是一种"无意识"的层面，而不是理性。因此，群体中个体的素质并不重要，高端人士与凡夫俗子组成的群里，差别不大。

如何避免成为群羊中的一只羊？最简单的规避方法就是巴菲特总结的那句话：别人疯狂的时候你冷静，对别人争抢的东西你暂时回避。作为投资者，可以结合自身的投资目标、风险承受能力、目前所处年龄阶段、家庭经济状况以及所处的市场环境等综合因素，考虑清楚后再进行最终决策。同时，也要保持一定的独立性，不要轻易听从别人的意见，也不要盲目跟随市场热点，树立自己对投资决策能力的自信，积极学习并掌握相关投资理财知识。在市场中，投资者需要用理性和智慧摆脱"羊群效应"，学会聪明地投资，这种方式被称为逆向投资。

第二章　好公司的特征与标准

第一节　价值投资的含义

一、四条标准帮你找到好公司

"好的投资，就是把我们的资金以合适的价格，与那些具有好生意的公司捆绑在一起。"正如巴菲特所说，要实现投资的成功，就必须在市场中找到那些好公司，只有跟随公司成长，才能最大化获取超额收益。在巴菲特的投资生涯中，始终坚持把股票投资企业化，以企业所有者的身份精选目标公司，他认为所投公司的质量优劣会直接影响最终的投资收益。总结巴菲特的择股标准，路易斯·纳维里尔在《巴菲特的选股真经》一书中为投资者提供了四条建议。

第一，选择业务简单易理解的公司。任何一家公司，如果业务简单易于理解，那么必须主营业务突出，并且需要不断扩大主营业务带来的整体利润。这样的公司往往将主要精力用于扩展并深化主营业务，长期而言，这类公司能在主营业务上形成优势明显的"护城河"。巴菲特认为这样的公司才能在竞争中不断扩大规模，增加利润，形成永续经营。

第二，关注企业发展的持续性。"我们要寻找的生意，是在稳定行业中，具有长期持续发展潜力的公司。"市场是最好的老师，一个公司如果能保持较好的利润增长，同时对未来发展具有清晰明确的规划，那么这样的公司往往能成为市场中的佼佼者。巴菲特提醒投资者远离那些负债较高、现金流不够充裕的公司，他认为过重负债是击垮公司持续发展的头号威胁。

第三，重视对公司管理层的筛选。公司管理层在很大程度上决定了公司发展方向和未来，因此在选择公司时必须重视对管理层的关注。具体而言，巴菲特认为优秀的管理层应该保持诚信、可信赖、以公司利益优先且精明能干。只有拥有这样管理层的公司才能为公司和股东创造出非凡的收益，使投资人分享超额收益。

第四，价格合理，留有足够的安全边际。巴菲特认为安全边际可以在三个方面帮助投资者：为企业估值时可能出现的高估提供缓冲地带；较低价格的买入将提供更高的投资回报；当企业的实际增长高于预期时，投资者会同时在经营性回报和市场性回报两个方面获得收益。他建议投资者在选择股票时优先选择价格低于内在价值的股票，通过长期持有获取稳健收益。

二、论食品饮料行业

中国经济从世界上的"nobody"发展到全球第二，对于食品饮料这样的传统行业来说，已经过了"野蛮扩张"的时代。在现在这种场景下，大食品饮料企业相对来说，要比小食品饮料企业有优势，它们有遍布全国的销售渠道，有强大的资金实力，非常高的品牌知名度，这又能为它们吸引优秀的人才，因而不是灾难性的影响，它们的地位不会轻易动摇。

当然，小食品饮料企业并非完全没有机会，大食品饮料企业想要吸引每一位潜在消费者，这就削弱了它们在细分市场对消费者的直接影响力。小企业要在这样的夹缝中生长并壮大，需要创新能力及精准的营销，找准它的目标客户。

这样的小企业并不是没有，只是要找到很难。对食品饮料的投资者来说，折腾来折腾去，最终会发现，大道至简，直接挑品牌不错的大企业将会是收益最大、成本最低的投资方式。

食品饮料行业不像其他行业那样剧烈变化，100多年前消费者喝可口可乐，今天消费者仍然喝可口可乐，100多年前消费者喝白酒，今天消费者仍然喝白酒。这个行业，品牌是一个很好的护城河。当然，品牌力的持续维持与公司的创新能力、资金优势、渠道优势等因素有关，它们互相推动，形成良性循环。

当一个食品饮料巨头陷入困境的时候，可以密切关注，除非是像三鹿这种"灭顶之灾"的，一般情况下，食品饮料巨头的各种优势会帮助它走出困境，而这些困境会让市场给出一个非常有吸引力的价格。像可口可乐，20世纪70年代因为管理层乱，"烂"了十年，80年代却重新大放异彩，也是上面这些道理。小食品饮料企业一波困境，可能直接死掉了，大企业更有可能扛到反转的到来。

可口可乐1919年上市，到2019年正好100年。如果考虑股息的投资回报，100年的回报大约是46万倍，年复合回报率在15%左右。可口可乐可能是人类历史上单一回报最高的股票。

三、巴菲特谈工业型企业不适合投资的原因

巴菲特奉劝投资者不要投资生产工业产品型的企业。绝大多数的工业型企业的直接顾客是中间商，而不是最终消费者。中间商完全以价格和质量作为采购标准，他们不讲人情，不会产生太多的品牌依恋，他们要的是更低的价格和更好的质量。

工业产品型的企业所生产的商品，在市场上面临强劲的竞争，价格是影响消费者（采购员）选购的主要因素。在我们的日常生活当中，最简单而明显的工业产品型企业是纺织业、食品原料业、钢铁业、天然气和石油公司、制纸业、木材业、建筑材料业等。

总结起来，工业型企业不适合投资的原因主要有以下几个方面：

（1）容易形成恶性竞争。例如，某公司为了降低成本以增加收益，在生产制造的过程当中做了某些改进，结果这家公司降低了市场上的产品价格，增加了边际效益，企图从其他几家竞争对手手中夺得更多的市场。而那几家公司自然是不愿意将市场拱手让给此公司的，因此它们也开始引进先进技术，不断改进生产过程，结果他们也开始降低价格，与这家公司竞争，同时降低了公司因为改善生

产过程而得到的利润，此时恶性竞争循环就开始了。

（2）市场状况不稳定。尽管工业型的企业一旦遇到需求突增，超过它所能供应的量时，其产品的价格会一飞冲天。此时，所有的厂商都能够得到收益。但是，这时也会导致供应增加，一旦需求疲弱，过度供应也会造成价格和利润的再度下跌。

（3）利润增长空间小。工业型企业的未来成长空间非常小。由于价格的竞争，这些公司的利润一直很低，所以这些企业缺乏经费扩充企业，或是投资更新设备。就算他们设法开始赚钱，获利通常用来更新工厂的设备，以保持竞争的能力。所以，从投资的角度来看，工业型企业也不是合适的选择对象。

（4）对管理层的依赖程度高。工业型的企业基本上要完全依赖管理阶层的品质与智慧去创造利润，如果管理阶层缺乏眼光，或是浪费公司宝贵的资产，误用公司的资源，就会丧失它的优势，而在强劲的竞争下失败。

（5）总得依靠低成本的优势。为创造市场空间，工业型的企业有时会运用广告轰炸中间商，让中间商以为它们的产品胜过竞争对手。而且，为了保持产品领先优势，工业型的企业必须对产品做相当幅度的改进。但是，问题在于，如果中间商选购的唯一标准就是价格，那么产品无论做多少改进，也只有低成本的公司才会取得领先的地位，而其他的企业只能不断挣扎求生。

四、价值成长的判断

交易价值成长股，是试图以企业自身经营的增长复利来替代频繁操作带来的复利，它考虑的问题非常简单：

第一，考虑的是企业的经营环境，包括企业所在的市场是一个逐步放大还是缩小的市场？是否有越来越多的消费者愿意为此服务和产品埋单？

市场饱和度的现实及长远情况？消费市场可能出现的天花板在哪里？现实与未来之间的距离还有多远？

目前的主要产品及竞争对手是哪些？消费不能得到较好满足的痛点在哪里？未来主要的创新方向是什么？等等。

第二，考虑的是企业自身经营能力的问题，包括企业的原发性技术能力是哪些？与竞争对手的优势和劣势分别是哪些？哪些正在改进哪些从未改进？

企业的主要能力（技术研发能力、产品生产能力、产品质量、价格、市场营销能力、财务支持管理能力、企业组织与管理能力等）评估等。

如果企业的消费市场处在一个长期放大（巴菲特形象地称之为"雪道"足够长，或者叫"赛道"足够长）的环境而公司竞争力足够强，那么，这个公司就是一个长期成长的目标。

作为交易者，只需要像一个真实的股东一样，认真阅读公司董事会、管理层报告和财务报表，明白公司的进展与不足，关注改进即可。

公司经营保持线性增长的比较少，多数是曲折式增长，在经过一个高速增长阶段后，往往需要整固，再上台阶。

这既是公司面对的经营市场的规律，也是企业经过增长后强化业务和管理体系的需要，这也是世间万事万物发展的一个客观规律。从过去20多年一路走来的超级大牛股看，在高速增长的过程中，偶尔也会出现一到两年的低增长或负增长时期，判断是偶尔调整还是发展趋势逆转，只需要重新审视以上两个问题即可。

五、客观看待商誉

上市公司三季报刚刚落幕没有几日，亚太药业、精华制药等多家上市公司就公告称，拟计提数亿元商誉减值损失，这熟悉的一幕与上市公司2018年年报商誉"爆雷"时的情形何其相似，无不是先由几家公司出现商誉大额减值，再进而蔓延到整个资本市场，引发上市公司大面积商誉"爆雷"。

目前来看，A股市场商誉总额在三季度末已经高达1.39万亿元，接近2018年三季度末的1.45万亿元历史高峰数据。在2019年《关于修订〈上市公司重大资产重组管理办法〉的决定》的落地、经济景气度仍未见明显起色的大背景下，上市公司重组并购的加速必将会导致商誉总额持续增长，一旦被并购标的业绩不达标，则上市公司高企的商誉不排除有再次大幅减值的可能。

商誉减值高发地带：传媒、医药、计算机行业。

当然对于商誉也要客观看待，不要一味否定。事实上，绝大多数收购都会产生商誉，问题的核心不在于商誉而在于商誉付出是否合理，即上市公司是否为收购付出了不合理的高价，也包括收购后是否能够有效地管理。

不可否认，确实有企业通过并购手段，用来扩大市场份额或整合上下游产业链，从而提升自己的核心竞争力。也有企业通过并购获得投资收益，比如华谊兄弟2013年以6.72亿元收购了银汉科技50.88%的股份。在2017年将其持有的25.88%的银汉科技股权，又以6.47亿元价格出售。在收购的时候商誉大约为5.36亿元，商誉在转让的过程中就被消解了。在这个项目当中，华谊兄弟不仅有现金的回流，同时还拥有银汉科技25%的股权，还可以分享它们未来进一步发展的成果。当然华谊兄弟这家公司的商誉也较高，对于收购的东阳浩瀚和东阳美拉，还是存在着巨大的争议，收购的这两家公司产生的巨额商誉未来无疑也是潜在隐患。

所以要客观对待商誉，一味否定商誉，等于一味否定并购，无异于因噎废食。

第二节　重视投资标的持续性优势

"竞争优势的持续性创造了一切财富。"对于巴菲特而言，寻找具有持续性优势的公司，关注公司发展和利润的持续性，是长期制胜的法宝之一。企业的持续性优势，主要是指企业能够在竞争行业中保持持续的优势地位，既具备较高的行业护城河，又有稳定的现金流和良好的股东回报等。

对此，《穷查理宝典》中对公司持续性优势进行了总结，主要包括以下三个方面：

第一，具备良好的商业模式。这类公司不外乎三种基本商业模式，即提供某种特别商品的卖方，销售某种特别服务的卖方，以及是大众有持续需求的商品或者服务的卖方与低成本买方的统一体。这些公司或为大众熟知，或获得良好的口碑和品牌形象，或是能够在控制成本的基础上做到物美价廉，符合优质企业的发展逻辑。

第二，产品的一致性为公司创造了稳定的利润。如果公司无须频繁更换产品，它就不必在研发方面花费几百万元资金，也不必投入几十亿的资本去更新厂房设备。如此一来，金库的钱就会累积成山了。同时，公司不必承担繁重的债务，也不必支付高额的利息，最终可以节约一大笔钱，用以拓展公司业务或者回购公司股票。

第三，通过财务报表，挖掘出具有持久竞争力的优质企业。其中，财务报表主要包含三个部分的重要内容，即损益表、资产负债表和现金流量表。损益表能够帮助判断企业的利润率、股权收益、利润的稳定性和发展趋势；资产负债表反映企业的现金资产和长期业务；现金流量表有利于了解企业在改善资本结构方面所花费的资金。财务报表所表现出的"持续性"可以让投资者深入了解公司竞争优势的"持久性"，判断企业是否具有持续的竞争优势。

"只选择买入那些具有持续性竞争优势的公司。"巴菲特强调要长期持有，如果一家公司一直保持其竞争优势，那么你就不要卖出它们中的任何一家。相对而言，持有它们越久，你获得的税后回报越多。

第三节 具有消费垄断性的公司

一、具有消费垄断性的公司

1938年，约翰·霍普金斯大学一个叫劳伦斯·布鲁伯格的学生在他的博士学位论文中，论述了消费者垄断的投资价值。

布鲁伯格认为：消费者的商誉意识与下列因素相关联，企业便利的地理位置、彬彬有礼的雇员、便捷的送货服务、令人满意的产品。他还认为持久而诱人的广告使某种产品和商标深深印在了顾客心里，从而在购买时只买这几种商品。或者通过某种秘方和专利，一个公司提供的产品与众不同从而吸引顾客，就像可口可乐的秘密配方。

布鲁伯格说，由于上述这些因素的影响给公司带来了可喜的结果——更高的权益收益率、利润的增长、股票的良好业绩，从而使这些公司的股票无论在经济景气还是萎缩的情况下，都可以占领市场。

沃伦·巴菲特参考布鲁伯格的理论，发明了一种方法来检验某企业是否存在消费者垄断，他的问题是："如果有几十亿资金（他确实有）和在全国50名顶尖经理中挑选的权利，能开创一个企业并且成功地与目标企业竞争吗？"如果问题答案是："不"，那么这个企业就具有某种类型的消费者垄断。

在巴菲特看来，检验消费者垄断的效力的一种方法就是看如果不以赚钱为目的，竞争者能对该企业产生多大的破坏力。想一想全世界有多少不同的地方在卖可口可乐！每个加油站、电影院、超级市场、饭店、快餐连锁店、酒吧、旅馆、运动场，都有可口可乐的影子。它如此受人欢迎以至于商店和饭店都不得不销售它，因为不这样他们就会失去很多顾客。你能再想出其他品牌的商品是各个摊贩们非卖不可的吗？

如果你想和可口可乐竞争，你必须具有相当于两个通用汽车公司的雄厚资本，但说不定你还是会失败，因为可口可乐是一种非常知名的品牌，我们已经消费了好几万杯这种饮料，你怎样呢？你的孩子们呢？同样的情况还有万宝路香烟，很难想象一个抽万宝路香烟的人会转向其他品牌的香烟。

由此可以认为，检验消费者垄断的办法就是问这样一个问题：如果有人给你一种权力拥有像万宝路这样的品牌，或使你有权拥有可口可乐公司的秘密配方，所罗门兄弟公司这类的投资银行会不会同意为你筹集开办企业所需的几十亿美元？如果是，那么这种产品就具有消费者垄断。

如果某人拥有城区内唯一的自来水公司，那他一定会赚大钱。唯一的难题在于长期以来自来水行业都受到管制。大多数公用事业公司都是如此。如果管制不存在，那么这就是一个可以为你带来丰厚利润的产业，你所需要的就是不受管制的自来水公司。

但是，投资者们都意识到了这一点，这样那些不受管制的公司的股票价格就会非常昂贵。由于所付的价格决定回报率，所以这样就会减少回报率，因此最好的方法就是寻找一种还没有被公众所认识的公司股票，也许是一个伪装的自来水公司。

布鲁伯格认为：具有很强的消费者垄断的公司之所以能够有很高的盈利，其原因在于它们不必过度依赖于对土地、厂房和设备的投资。而这些固定的费用和财产税会消耗那些普通商品企业的利润。

相反，具有消费者垄断的公司的财富主要以无形资产的形式存在，比如可口可乐的配方和万宝路的品牌，这样，由于联邦税收主要是针对利润，所以税额可以根据公司利润而变，而像通用汽车公司那样必须不断投资于有形资产的公司，其利润的弹性就不大，在企业扩张的早期，一般商品类型的企业只有依靠大规模地扩建厂房才能满足需求增长的需要。

具有消费者垄断的公司，由于具有很大的现金流量，所以几乎没有负债。箭牌公司和UST（美国烟草公司）的资产负债表上就没有什么负债，这两个公司一个生产口香糖，一个生产香烟。由于负债很少，它们就有很大的自由去向别的更有盈利能力的企业投资，购买它们的股票。另外，这些企业的产品大多是低技术产品，不需要非常先进的厂房。而且由于没有竞争者的威胁，它们的生产设备能够使用更长的时间，因为没有竞争者就意味着不必不断地进行设备更新和厂房改造。

通用汽车公司生产的汽车属于价格敏感型的普通商品，它必须花几十亿元更新设备或购买新的生产设施来生产新型号的汽车，而这种新型号的汽车也许只具有几年的竞争力，这样，公司又不得不进行新一轮的改造。

值得注意的是，商业的历史显示出不同类型的消费者垄断，从贸易开始形成以来就一直存在。从早期在远东贸易的享受消费垄断的威尼斯人，到英帝国对冶铁业的垄断，到早期的西部美洲，那时科尔特（Colt）和威切斯特（Winchester）就象征着高质量的火器，还有德国的著名火炮生产商克虏伯（Krupp），该品牌的产品在两次世界大战中都被广泛运用。这些企业都从消费者垄断中获利，由于其产品和服务的质量，消费者愿意为之多付钱。

再看一看通用电气公司，这是由托马斯·爱迪生参与创建的公司，它为全球提供电力，向某个国家销售发电技术以及电线，然后再向其销售电器、灯泡、发电设备和冰箱（就像吉列公司向消费者派发剃须刀以使其购买吉列刀片一样）。今天，通用电气公司已是美国最有实力的商业公司之一，它的实力部分来自20世纪上半期它独占市场时积累的雄厚资本。

二、投资：无论价值投资还是成长投资，靠资产质量防范风险

（1）投资是对资产质量的极致追求，两市3000多家公司，值得关注的质优股不会超过100只。投资者只需关注行业龙头公司，其他个股一律放弃，就算有补涨机会，也是板块行情尾端了。

（2）虽为好公司，但操作还需要好价格。价值投资看重的是低估，当前值10元却只卖5元；成长投资看重的是未来，当前值10元也卖10元，但未来值15元。巴菲特师从格雷厄姆，最早喜欢买破净烟蒂股；后来在查理·芒格影响下，更追求以合理价格买优质股，典型事件例如2016年底以110美元成本重仓买入苹果。

（3）价值投资通常表现为抄底，股价大幅下跌一定是经营出现问题，政策及宏观环境影响的杀业绩、杀估值不可怕，影响因素逐渐消除就是估值修复。不一定是业绩恢复增长，只要利空出尽，存在困境反转预期，估值就先恢复。

（4）成长投资通常表现为追涨，股价上涨是业绩超预期的反应。业绩增长具备持续性，就会产生估值也提升的戴维斯双击效果，科技股表现明显。还有一种情况，业绩趋于稳定后，低估值品种也会估值提升，周期资源最为典型。

（5）价值投资抄底买便宜，时机重要，对产业链逻辑及经营转折点，要把握好。比如同为供给侧改革的电力股，今年产能压缩有机会，但一定注意煤价下降或电价上调的催发点。苹果产业链为代表的电子股，传统成长股，业绩下滑预期就是戴维斯双杀，需要等

待一季报情况，再看估值变化。

（6）成长投资相对淡化买入价格高低，短期波动也不要紧，但行业及公司成长一定要看准。目前反而是传统周期业绩增长更好，供给侧改革强力推进，行业集中度提升，利润向行业龙头汇聚。银行、钢铁煤炭化工、建筑等的行业龙头个股，10倍左右估值，业绩稳定带来ROE稳定，不一定挣业绩增长的钱，挣的是估值提升的钱，或者说一季度估值切换。

投机依赖市场选出强势股，多复盘研究市场赚钱效应及赚钱模式。投资选股更多的是自身长期观察、追踪积累的结果，需要更多耐心等待好价格。拥有一套稳定的操作体系后，要做的就是跟随市场环境调整优化，保持交易的一致性及连贯性。坚持下去，市场最终会给予回报。

第三章　投资的思想与思维方式

第一节　何为高手？

一、论长期利益

当股价偏离了企业的价值变化曲线时，价值回归必然会发生。在一个长期趋势向上的市场买入优秀的公司，就能取得超过市场的收益。

道理很简单，能做到的人却不多。因为短期利益过于诱人，相信每个人都幻想过每天赚1%，一年200个交易日，会有630%的收益，100万元本金7年身价就能超过马云。理论上确实如此，但实际上非常不切实际，中国2亿股民靠炒股实现财富自由的比例和中彩票实现财富自由的比例是差不多的。

事实上，全球范围内真正靠投资赚钱最多的是巴菲特，60年下来实现了9.3万倍的收益。巴菲特的年化收益率是20%，这是很多中国投资者都看不上的收益率，甚至几年前有些信托产品的收益率都比他要好。但理性的思考就能得出结论，高收益背后通常蕴藏着重大的风险，近期监管层一直在强调要打破刚性兑付，其实是在替投资者降低风险。2015年牛市很多人半年就赚了两三倍，其中很多人到今天反而是亏损的。股灾后有一句话说得很好，做投资一年三倍易，三年一倍难。靠企业价值增长取得的收益才能经得住时间的考验，以乐视为代表很多曾经的明星股正在被打回原形。

短期利益是零和博弈的结果，长期利益可以通过价值驱动打破零和的限制，当股价随企业价值长期上涨，在上涨周期中每一个买入的投资者都可以赚到钱，达到多方共赢的效果。罗马不可能一天建成，企业价值的成长需要时间，等待的过程虽然痛苦，但结果是丰厚且值得的。无数先人和哲学的智慧都告诉过我们，在短期利益和长期利益相悖时，长期利益一定是最好的选择。

二、幸存者偏差

幸存者偏差，通俗地讲就是"死人不会说话"。很多现象都是我们事后观察到的，大多数情况下我们只能看到结果，而忽略了其中筛选的过程。

举一个简单的例子：有人说日本侵华时期并没有犯下太多罪行，理由是当初他爷爷亲眼所见日本人很守纪律，没有烧杀掳掠。但是他没有想过他爷爷只是运气比较好，遇到了一帮讲道理的日本人，见证日本人犯罪的那帮人已经死去，他爷爷是幸存者，而我们也都是幸存者的后代。幸存者偏差对我们的影响其实非常深刻，最典型的就是路径依赖。

一个成功人士的成功可能是因为当时的运气，而人们总是将其归结为实力，所谓"时来天地皆同力，运去英雄不自由"。如果无法认清成功背后的运气成分，盲目高估了自己，很可能会产生错误的推论。路径依赖使得个人、企业甚至国家错失一些机遇，继续保守地选择原来的路径。

三、市场的有效与无效

行为金融学对传统经济学最大的挑战就是：传统经济学假设人都是理性的，大家的决策也是理性的，所以股票市场也就是理性的。

这时候就会推导出一个著名的理论：有效市场理论。

按照有效市场理论，股票价格是正确反映基本面的、估值基本上都是合理的，也就是说市场是有效的，你很难战胜市场、战胜指数，所以投资指数就是最好的选择。

巴菲特对"有效市场理论"是嗤之以鼻的，他曾经说过："如果市场总是有效的，那么我只能成为大街上的流浪汉"。他认为，市场上充斥着大量高估的股票，同时也有很多低估的股票。投资者要做的就是发现和买入低估的股票。

伯克希尔哈撒韦的业绩就充分说明，股票市场不总是有效的。我们观察中国的A股，更难得出市场是有效的结论。大量估值虚高到吓死人的绩差股票，和少数估值合理的绩优股票长期并存，并且A股隔几年就来一次泡沫和股灾，你很难说股票市场是有效的。

2017年诺贝尔经济学奖获得者是芝加哥大学教授塞勒教授，他是个股票投资高手，他所管理的基金19年赚了832%，他为什么能取得这么高的收益，他有什么选股技巧？

据说，塞勒教授的基金选股有一个原则：选择受到金融行为偏差而被明显低估的个股，但同时需要有坚实的基本面作为支撑。其实这种策略笔者认为更加适合A股。

为什么相对于成熟市场，A股投资者更加不理性，市场更加无效。市场越无效，定价错误的概率就越高，也就越容易战胜市场。所以，我们要做的，就是学会克服自己的恐惧和贪婪，学会投资价值成长股的方法，那么你就可以成为割韭菜的人，而不是成为被割的韭菜。

四、十大投资大师之一安东尼·波顿

1950年出生的安东尼·波顿，是英国最著名的基金经理和投资人。作为富达投资集团的顶级基金经理，安东尼·波顿在其25年的职业生涯中，创造了20.4%的年复合收益率，这一业绩足以让他比肩巴菲特、彼得·林奇等投资大师。

《泰晤士报》就将其评选为史上十大投资大师，位列格雷厄姆与巴菲特之后。彼得·林奇曾说："如果能把我和安东尼放在一起，那将是对我最大的恭维！"

波顿认为，技术分析能帮你及时扩大盈利。每当他根据基本面决定投资个股，都会把技术分析当成一种辅助措施。如果技术分析和他的观点一致，波顿的投资就会比预定的投资更多。如果技术分析和他的乐观看法不太一致，那他就会检查一下投资计划，看看是否忽视了某些消极因素。"只有当我对个股基本面的判断十分有把握时，我才不理会技术分析的结论。"

波顿认为做技术分析时，有使用股价图的意识，比决定使用哪种技术分析方法更有用。他建议找到一种合适的分析方法，然后一直使用下去。"内心深处，我是一个基本面分析师，但我相信把两种方法结合在一起效果会更好。"波顿不止一次地强调。

第二节　财务指标

一、回购才是真爱

上市公司回购，我们觉得这是对投资者的"真爱"，为什么这么说呢？上市公司在二级市场买股票，一个是增持，另一个是回购，把这两个作为对比一下就可以看出来。第一个是上市公司增持股票，往往他是增持之后在未来一段时间，它不排除还会再减持，那么这个股票最终会还回市场。那么上市公司回购，往往这个股票一般情况下在回购之后会注销或者被库存，不再具有分红的权利，那么注销之后呢？上市公司股票的含金量会大增。举一个例子：比如说有一家公司是1亿元的流通盘，全部流通股是1亿元，如果他的净资产是10亿元，那就是每股净资产含量是10元。那么假如这个公司股价以每股5元钱在市场上交易，那么上市公司认为这个价格不能反映它的内在价值就回购，比如说回购5000万股，那么回购之后就会发现，这个资产负债表是这样一个情况。

就是总股本由1亿元变成了5000万元，那么净资产呢？总净资产以前是10亿元，那么因为花了5元回购5000万股是花了2.5亿元，买了5000万股，这样总资产变成7.5亿元。那么这样之后，每股的净资产就是5000万股总计7.5亿元的净资产，合每股是15元的净资产，比以前的每股10元就会增加50%，所以股票回购有利于提升上市公司的资产的质量，也有利于股价的稳定。第二个就是上市公司的回购，有利于上市公司的大股东对公司的控股权。我们仍以刚才的举例为例，比如1亿元的总股本变成5000万元之后，假如上市公司的大股东在1亿元的时候他持股是20%的比例，那么回购之后他有可能增加变成40%的比例，那么控股权会增加。

我们从美国市场来看，美国的市场回购是比较常见的也很多，从2009年到现在之间这九年的统计数据来看，每股非金融类股票的上市公司回购股票的资金，已经达到3.3万亿美元，这个比例是很大的。从2018年一季度数据来看，就是标准普尔500成份股，用来回购股票的资金超过1500亿美元。前不久苹果也宣布，要拿出1000亿美元来回购股票，所以苹果的股价最近一周涨幅超过13%，创出了历史新高，巴菲特对此举也很肯定。他认为如果上市公司手持大量现金，又没有好的并购项目或者投资项目的话，用来做回购也是一个不错的选择。

二、现金流

曾经，有一家小公司，做跨境贸易的生意。营业额、利润逐步增加，做到1000多万元销售额的时候公司遇到一个"危机"。

由于下游客户有一笔100多万元的贷款没有到账，导致公司的资金链断裂，当月没领到工资的员工因此闹事了，上游供应商知道后也纷纷前来讨账。这时，公司开出的支票跳票了，供应商报警后公司的开户银行把他们放进了不诚信客户名单，他们失去了贷款资格。如果不是创始人在最后时刻，还能找到一家愿意借贷的金融机构，借到100万元流动资金的话，这家小公司创立的品牌也将不为人知。——这家小公司就是耐克。

如果把企业比喻成一个人，现金流就是身体里流动的血液，如果没有血液的流动，再强壮的身体也白搭。

三、卡拉曼：寻找错误定价

"如果要用一个词来描述包普斯特的做法，那这个词就是'错误定价'。我们寻找由过度反应引起的错误定价。"在包普斯特，我们不停地问自己："我们今天应该研究什么？我们不断打电话与人交流，不断收集信息。你永远无法掌握完美信息，因此，你需要研究、研究、再研究。有时候，我们翻查《价值线》。如何充分地收集信息非常重要"，卡拉曼说。

"寻找被迫出售、供需失衡。""投资者无法预测企业价值何时将上升或下降，估值的时候永远要保守，要给最糟糕的清算价值和其他方法得出的估值相当大的权重。""当投资者以充分低于潜在企业价值的价格买入股票的时候便建立了安全边际，在一个复杂、不可预测且变幻莫测的世界里，安全边际为人们出错、霉运或者高度波动留下了空间"，卡拉曼写道。

第三节　　投资的正确做法

一、格雷厄姆的投资思想和方法

查理·芒格1994年在美国南加州大学的一次演讲中，谈到了格雷厄姆的投资思想和方法，可供我们参考。

（1）格雷厄姆购买股票的时候，世界仍未摆脱20世纪30年代经济大萧条的影响，人们很久才摆脱大萧条带来的恐慌心理，而本杰明·格雷厄姆早就拿着盖格探测器，在20世纪30年代的废墟中寻找那些价格低于价值的股票。当时，有很多股票的价值远低于净资产，甚至股价只有流动资金净额的一半，这在随后的时期很难再看到。就像查理·芒格所说，本杰明·格雷厄姆经典概念的问题在于，人们逐渐变得聪明起来，那些显而易见的便宜股票消失了；你们要是带着盖格探测器在废墟上寻找，它将不再发出响声。

（2）在格雷厄姆的时代，流动资金确实属于股东，工会等机构并没有后来那么强势，股东较容易采用破产等办法裁掉人员，拿到流动资金。而后来按照现代文明的社会制度和新的法律，企业并不容易清算，并且员工补充和安置往往要有限考虑，企业就算不景气，也往往需要支撑下去，直到流动资金耗尽。

（3）事情并不绝对，"雪茄烟蒂"投资法仍有积极作用。查理·芒格说："后来格雷厄姆的信徒们做出的反应是调整他们的盖格探测器的刻度，他们开始用另一种方法来定义便宜股票。他们不断地改变定义，以便能够继续原来的做法。他们这么做，效果居然也很好，可见本杰明·格雷厄姆的理论体系是非常优秀的。"

（4）查理·芒格认为：格雷厄姆的理论最厉害的部分是"市场先生"的概念。格雷厄姆并不认为市场是有效的，他把市场当成一个每天都来找你的躁狂抑郁症患者。你有机会决定是否要多买进一些股票，还是把手上持有的股票卖掉，或者什么也不做。在格雷厄姆看来，能够和一个永远给你这一系列选择的躁狂抑郁症患者做生意，是很幸运的事情。这种思想非常重要，也让巴菲特在其成年之后的一生中受益匪浅。

（5）作为教授，格雷厄姆想发明一种简洁的、适合所有人的投资方法，他也就很难突破自身的局限性。查理·芒格评价说："教授用通俗易懂的语言来表达自己的思想，格雷厄姆也一样，他想要发明一套每个人都能用的理论。"例如，格雷厄姆认为企业的管理人员往往会非常狡猾地歪曲信息，用来误导人们，所以跟管理人员交谈是很困难的。这些对管理层评价、对优秀商业模式的评价等都具有主观性，也不符合格雷厄姆的简洁性要求。

查理·芒格说："我们起初是格雷厄姆的信徒，也取得了不错的成绩，但慢慢地，我们培养起了更好的眼光。我们发现，有的股票虽然价格是其账面价值的两三倍，但仍然是非常便宜的，因为该公司的市场地位隐含着成长惯性，它的某个管理人员可能非常优秀，或者整个管理体系非常出色等。"

"买股票就是买生意，投资者应该把自己看成生意人，不断用较低价格买入具有强大盈利潜力的生意，而不是买卖股票的交易员。"正如格雷厄姆所说，股票市场如生意场，只有以较低价格买入真正具有较高内在价值的股票，才能在投资中获取超额收益。

格雷厄姆坚持价值投资，在择股过程中重视对价格的控制，以及股票盈利能力和内在价值的考量，获取了较为丰厚的投资收益。总结格雷厄姆优选股票的成功经验，托马斯·奥在《价值的魔法》一书中送给投资者四条建议。

第一，股价低于每股净资产或者账面价值。这是格雷厄姆多年来独创"烟蒂投资法"获取超额收益的精髓，他认为：账面价值是对公司资产价值的最保守估计，如果以低于每股净资产或账面价值的价格购买一家公司的股票，长期来看，投资者将获得超过其投资本金的收益。

第二，关注公司的盈利。公司的盈利能力是保证资产增值的关键。"如果一家公司能在任何情况都保持盈利，即使面对严酷的市场条件也依旧能实现盈利，这样的公司才是值得托付的好生意。"同时，格雷厄姆还提醒投资者警惕利润增长率数据的下滑，避开那些仅仅某些年份盈利好，但缺乏持续增长动力的公司。

第三，重视公司分红。公司收入增加是分红的重要保障，随着公司资产的增加，分红应该保持持续性。对公司而言，持续分红体现了对股东收益的保障，拥有长期良好分红记录的公司往往是市场中的佼佼者。格雷厄姆建议投资者选择股息收益率达到AAA级债券收益2/3以上的公司。

第四，保持合理的预期。格雷厄姆建议投资者避免过于依赖公司未来的预期，而应该把未来的预期当成对公司持续性的检测指标。在检测过程中，重点关注公司的经营表现、销售数据、现金流、净利润等财务指标。在保持合理预期的前提下，坚定对公司价值的判断，如果公司的内在价值和基本面并无变化，那么投资者应该长期持有。

二、西格尔总结的长牛股票特征

（1）对于那些长期发展前景尚待观望的新公司，投资者不应该付出过多的热情。对过去半个世纪的研究表明，历久弥坚的老股票战胜了勇猛进取的后来者。

（2）表现最好的公司来自拥有知名品牌的日常消费品行业和制

药行业。正如沃伦·巴菲特所说："那些被又宽又深的壕沟保护着的产品或服务才能带给投资者最好的收益。"

（3）大部分表现最好的公司拥有：略高于平均水平的市盈率；与平均水平持平的股息率；远高于平均水平的长期利润增长率。

三、每天必做三件事

在中国股市作为一个优秀的投资者，每天必须要做三件事：

第一件事：投资者每天都要去认真地研究月线和转市的信号。千万要记住：是月线，不是什么小时图，也不是日线图。我们要做的是去耐心等待一个大机会。

第二件事：一定要让自己充分地休息。不要把自己搞得非常的疲惫，在任何的行业里，打疲劳仗都是赚不到钱，反而是会亏损的。

第三件事：研究和认识自己。

在股市中投资的机会太多了，作为一个职业投资者，我们要善于辨别大的市场机会与小的市场机会，不要被眼前的小市场机会蒙蔽住了，轻率地去做投资，只会让自己浪费掉有限的入市投资机会。"在没有出现任何的投资信号时，选择不做投资就是最好的投资。"

心态问题其实是一个很严重的大问题，心态如果够好，则什么都好，做事也会很顺利，做投资也自然会盈利。心态如果不好，那么就会什么都做不好，看什么也都不会顺眼，做事肯定也不会顺手，做投资也就会亏损。

有的投资者朋友说过："当你有一天看到那些红红绿绿的数字不再是金钱而只是一个简单的数字游戏时，你就达到了投资的最高境界了。"当然，这只是一些个人的自我感受。但是你不得不承认一件事情——拥有一个好的心态能使你非常轻松愉快，这样能让你去保持一个客观的判断去做一个比较理性的选择以及相对冷静的操作。

有些人在市场中经常亏损，就是没有去摆正好一个心态。这主要表现在"急""赌""宁"等方面。

"急"是指那些想一夜暴富的投资者。这些投资者也许是什么"神话"之类的听得太多了，因此在投资时经常会失去理性，去做追涨杀跌的事情，经常是一买进马上就跌，卖出时就马上涨。其实市场有一句谚语："短线是个银，长线是块金。"真正的投资者，是能看准股市长期变化趋势、掌握先机、长期耐心等待的人。那些所谓的什么市场"神话"故事只是一些媒体借以吸人眼球的噱头罢了。哪怕真有这事，也只是一个小小的个例，没有办法去复制。因此，在市场中应当是一个漫长的投资过程，不应该去急功近利。

"赌"是指那些具有赌徒心理的投资者。他们跟上面所说的那些人其实有相似的地方。这些投资者不是来做什么投资而是急于马上获得利润。他们有的去抵押房产、贷款、借债，更有的投资者不惜挪用公款来投资。这些投资者一旦这样去赌，输便是血本无归。

还有一种投资者是属于比较"宁"的。"宁"也就是我们老话常说的"倔强"，明知自己做错，也不认错，喜欢去跟市场一味地较劲。却不知道"市场永远是对的"，这个正好对应了那一句华尔街的名言："逆势操作是失败的开始。"

对于普通投资者而言，更应该去坚持价值投资这样一个理念，去选择一些比较优质的股票进行投资。这就需要去培养一个经常盈利比一时盈利更重要的投资理念，而价值投资理念的基石则是安全边际这一个概念。有的基本上是没有什么太大的跌幅的；有的虽然是连跌好几日，但是一旦有反弹也会是强有力的。

更重要的是，去持有一只抗跌性比较强、回报率比较高的好股票，这样可以使你永远保持一个良好的心情。不会去为它整日忧虑，忐忑不安，生活都过不好。

四、投资者该如何去训练投资思维？

会下棋的人都明白一件事，业余的棋手与专业的棋手之间有一个最大区别就是在于随手。业余的棋手往往会在不经意间下出随手来，甚至是勺子，最终满盘皆输。

那么，专业棋手就不会下随手吗？当然不是了，只不过他们下得相对少得多。专业的棋手为什么专业，就在于他们是经过了一种专门的训练。经常去做各种专项训练让自己对各种棋形都有所了解，怎样正确落子去应对各种情况就已慢慢形成了一种本能。

如果我们再往深处讨论，那么这个区别就很明显是思维层次上的事了。

专业棋手的思维要比业余棋手更加正确清晰完整，而且非常谨慎。这样大的区别，在很大程度上是通过训练造就的。

仔细想来棋道和投资之道是有非常多的相同之处的，投资者如果想要把投资做好的话，就一定要像专业的棋手那样去进行一种比较系统化的训练，去慢慢地形成一种正确清晰完整的投资思维，这样我们才能在投资市场慢慢盈利。

在投资市场，要想盈利就必须有一种合理的投资思维，而一种合理的投资思维一定要理清投资思路和投资理念。

做一个正确的投资实际上就是去抓住那些大概率有可能发生的事情，这里的重点在于概率，而如何去训练投资思维首先是要做概率上的思维训练。

我们常说的投资策略、投资系统等都是为博取这样一个大概率而服务的。你可以找一个你比较喜欢的投资系统，而且你能理解运用并且能够经常盈利的投资系统去长期坚持。

比如，那些经常让你盈利的投资方法，然后想办法去究根寻底，整理出来把它系统化，坚持去运用。当然，投资系统不是一成不变的，你要跟随投资市场变化而变化，这才是正确的。

每一个投资者都会有得意或者糟糕的时候。有的时候你有小小盈利，有的时候你很可能会有小小的亏损。

一般来说，每一个月都会有那么几天，你会盈利很多，但千万不要害怕亏损。作为一个投资者，你要明白这才是你应该的盈利，而不是朝九晚五都是在盈利，这是不可能的。

我们要每天把自己的投资重点记录下来，看看你有没有去遵循这个服务概率的投资法则。如果没有那就要加强这方面的训练了，好好地改进、慢慢地形成正确的投资本能。

我们要把投资当成一种职业来对待，而职业就是我们常说的赖以生存的工具，你可以去试着深爱它，但千万不能把它当成一个爱好。因为爱好是随心的，什么时候想做都可以去做，而职业是非常严肃的，特别是投资，是不容一点马虎的，必须一丝不苟地去执行。

五、像扔铅球一样投资

（一）像扔铅球一样投资

笔者上学时，体育老师在教我们投掷铅球时，把他所讲的道理叫作"超越器械"，他说你不要太在意铅球存在，不要刻意追求把铅球投得多远，而是要注意正确的投掷方法，做好每个应该做的动作，铅球自然就会被投得最远。

同样的道理，在投资市场中不要太在意资金得失，应该把注意力关注到投资的过程之中，只要把每个投资细节都能注意到，盈利就是自然而然的结果。

其实每个投资者都有过看对投资市场行情却错失投资市场行情的经历，也许过后会说："我看得多准啊，如果我做了肯定会盈利了。"也有很多投资者有模拟投资取得盈利的经历，可是当他们真正拿真金白银投资时，结果却不尽如人意。看准投资市场行情、模拟与实战的区别在于，因没有投资过所以没有资金得失的顾虑，心理上也就没什么压力。

资金对于投资者的重要性毋庸讳言，投资者参与投资市场投资有很大的原因就是为了盈利，这个目的合理合法。如果在投资中过分关注资金而不是正确的投资方法，投资的结果往往会事与愿违，错误的投资方法，会使我们与资金盈利日益疏远。

（二）当你把思想更多地放在投资上，就自然地会减弱对钱的关注

制订严格的投资计划，没有计划的投资、一时冲动的投资，与仅凭运气的赌博没区别。不遵守投资计划的投资，结果比没有计划的投资好不到哪去，甚至还增加了制订投资计划的烦琐，这就是出力不讨好，正确的做法就是制订投资计划，并严格按照投资计划进行投资。

制定严格的投资原则，每个人都会有自己的投资依据，有的人喜欢抄底摸顶，认为价格太高或太低就沽顶和抄底。有的人爱打听消息，听从别人的建议投资，这也没什么问题，只要你能验证投资方法

是正确的并持续性盈利就可以继续使用，并坚持。

制定严格的止盈止损原则，无论你怎么样投资都必须提前制定出止损和止盈的目标价，当价格出现有悖于我们投资原则的变化时，亏损多少都应止损出局，不能有任何的侥幸和等待心理。同样的道理，一旦价格达到我们的止盈价位就落袋为安，也许这不符合让盈利充分增长的股市戒律，但投资市场是不确定的，我们不知道投资市场的变化到底是调整还是反转，依据自己的出场原则止盈，结果总会好于盲目等待。

如果实在唯恐踏空投资市场行情变化，唯恐没将自己的投资利益实现最大化而过早平仓，可以将盈利的投资先止盈一半，让另一半盈利的投资充分增长。这是对投资原则的妥协和折中，虽然不是最科学的做法，但可降低贪婪和恐惧心理对投资的损害程度。

六、独立思考走自己的路

（一）一个合格的投资者要独立思考，走自己的路，更让主力无路可走

在投资市场中能够真正盈利的永远是那少部分人。所以要成为一个成功的投资者，必定是要去学会做一个独立思考、不随波逐流的人。投资市场永远是在变化的，当大部分人疯狂的时候，你要学会保持几分清醒和警觉；当大部分人恐惧时，你要有足够的胆量，不要害怕。

不要去博消息，那根本就不是散户的优势；更不要去相信什么股评，这些股评者中假内行居多，你要坚持自我的投资方法和投资思路；在这个投资市场最好的投资方法就是人弃我取，人取我予。我们应该自觉地做投资市场的少数派，远离那些所谓的热闹与喧嚣，忍受孤独与寂寞，好好学习投资知识，练好内功。这才是你在这个多变的投资市场最应该去做的。

（二）一个合格的投资者要和投资市场保持一定距离

在投资市场中，那些每天每夜都盯着电脑屏幕不断去敲击键盘的人，那些四处打探各种市场消息的人，那些希望利用投资市场漏洞来盈利的人，那些一盈利就马上洋洋自得，一亏损时就变得恐

惧、歇斯底里疯狂的人……这些人注定都是投资市场里成功投资的奠基石。"不识庐山真面目，只缘身在此山中。"这种每天浸淫于投资市场，与投资市场零距离接触，可以说是一种很危险的投资行为。

投资市场是一个可以把人性的弱点无限放大的场所，很多时候人性的弱点可能是隐性的，我们不曾发觉。可是，在投资市场人性的弱点就是显性的了。投资市场就像是一个充满未知的潘多拉魔盒，人性的弱点就像是那盒中的魔鬼，当你在投资市场迷失、不能自拔时，这些魔鬼就会冲出魔盒来缠绕着你，使你身陷其中迷失自己，完完全全地看不清问题的实质。所以作为一个合格的投资者千万不要去沉迷于投资市场，我们要和投资市场保持一定的距离。我们不要去担心，你一天不关注投资市场也没什么，只要你是按自己的投资方法来的，这个相对公平的投资市场总会给你想要的。

（三）一个合格的投资者要坚持一种投资理念不动摇

投资理念是投资者在投资市场中反复投资成功、失败等各种投资经验总结而来的，所以说是投资的灵魂。投资者拥有什么样的投资理念，这是由投资者自身的思想、性格、阅历及学识等各种内部和外部原因所决定的。不管投资者坚持什么样的投资理念，都是要和投资市场主客观相符，做到知和行的统一，并且要一以贯之。

作为投资者千万不能"这山望着那山高"，频繁地变换自己的投资理念和投资方法。如果你想"闲看庭前花开花落，漫随天外云卷云舒"，就好好学学巴菲特；如果你想要在险峰处领略无限风光，就好好学学索罗斯。但是千万不能既学巴菲特又学索罗斯，这二者是鱼和熊掌的关系。

所以说，一个合格的投资者不只要有独立的思考，去走自己的路，更要和投资市场保持一定距离，最重要的是坚持一种投资理念不动摇。这样才能在投资市场盈利下去。

七、一定要控制好自己的投资风险

（一）一定要控制好自己的投资风险水平

投资者除了要拥有一个相对健全的资金管理计划外，对投资风险的容忍程度可以说都是比较低的。成功的投资者并不是那些偶尔盈利，大发一把的人，在投资中他们总是亏损得最少的人。对投资风险的容忍程度越低，越有可能成为一个成功的投资者，他们不会去给自己挖一个大坑让自己跳进去，亏损死。

或许他们的盈利能力可能不如其他的一些投资者，但重在细水长流、盈亏稳定。一时的盈利不是长久的盈利，合理地控制投资风险，盈亏有度，这才是盈利之道。

投资者对投资风险容忍程度，我不知道是否存在有改变的可能性，毕竟人性的贪婪总是会让人盲目。过去几年之中，我不断去尝试降低自己能愿意接受的投资风险容忍程度，结果不怎么让人满意。

这期间虽然有一点改善，可是我所承担的投资风险还是比一般投资者高。如果你在投资中总是承担过大的投资风险，一定要好好了解自己在这方面出了什么样的问题，尽可能想办法去处理好，降低自己对投资风险的容忍程度。

我们在拟订自己的资金管理计划时，必须要想尽一切办法去压低自己投资风险的容忍程度，并去严格遵守好，去执行好。可是，我们也不要把自己的投资风险容忍程度设定得太低。如果你无法执行下去，那也是没有用的，那你制订的任何投资计划都是多余的。

（二）一定要了解自己可以承担多少风险

在进行投资之前，一定要拟订好自己的投资风险管理计划。意思是说：你在任何时候自己所愿意去接受的一个最大投资亏损程度。

无论如何你都必须去设定好自己所愿意接受的一个最大投资风险，或者愿意去承担的一个最大的投资亏损。

投资者应该去设定自己每天所允许出现的最大亏损。一旦出现这样的亏损，还是先暂停投资吧，去看看外面的世界吧。

笔者曾经有一段时间几乎每天都有这样的情况出现。于是笔者给自己好好放了一个假。好好放松回来之后，头脑又十分清醒，投资起来又十分不错了。

你一定要知道自己何时去调整好投资风险。一旦投资市场发生变化，投资风险通常也会随之变化。所以，你一定要根据投资市场的具体状况去调整自己的投资风险容忍程度。有一些投资机会的胜算是比较高的，但是要承受比较大的一个投资风险，这时候你要注意了，看看这个机会是否超出你的投资风险容忍程度。

如果超出了的话，你又觉得自己可以是那小部分盈利的投资者，那你去投资，于笔者而言我是不愿意去承担这个投资风险，一次盈利不代表永远盈利，每一次都这样投资，亏损肯定是大于盈利的。

八、如何去跟投资市场和谐相处？

（一）我们该如何去跟投资市场和谐相处

投资市场本身是一个风险的实仓，实际上投资的本质就是如何去管理投资风险。那么到底是投资风险更小时的投资机会会好一点，还是当盈利空间更大时的投资机会好一点？

非常多的投资者认为投资风险小是跟我们盈利大的投资机会共同存在的，其实根本不是这样，也不可能会这样。通常来说投资风险与投资收益之间呈正比关系。投资市场每天都有大量的投资机会。但是，每一个投资者的资金永远是有限的。去做投资风险小的投资，哪怕连续亏损了几次，那也没什么大事。亏损一点不会对投资者的投资心理和资金造成什么太大的损失。

一定要相信后面还有继续投资回本盈利的投资机会，而盈利大的投资，承担的风险也是相当大的，连续亏损几次，没有资金投资了，还投资什么，哪怕后面有投资机会没有了资金又能干什么呢？

所以说，投资根本不是赌博，你要这么认为那你一定"亏损死"。做投资的，你要静静地去等待投资机会的出现，这样你才能盈利。

（二）投资是管理投资风险，而不是去管理如何投资盈利

投资市场就像是一面镜子，反映的不仅仅是你的投资技术的高低，还有人性的优劣，嘴上可以尽情地说假话，但是行为总是很诚实地反映你内心的真实想法。无论是止盈还是止损，能说到不重要，能做到才是根本，这不需要什么华丽的包装，做到了就是做到了，没做到就是没做到，所有的借口都可能是你不盈利的理由。

所以，多从自身找找为什么总是不能盈利，为什么每次总是做不到执行一次哪怕最简单的投资方法。

投资是管理投资风险，而不是管理盈利，这是投资新手和投资老手的区别，前者的眼里往往更崇拜盈利，后者往往对投资风险更为敬畏。的确，在傻子都可以盈利的牛市看不出来，当牛市退去，高低立显，我们改变不了投资市场行情，只能改变自己，改变自己就意味着调整自己的心态。

投资风险意味着潜在的亏损，每一个投资者不管采用什么样的投资方法，总是必须要面对投资风险，对于能不能留在投资市场最重要的前提是对亏损的可控性，人人都在追寻一夜暴富，又有谁能够承受爆亏？必须要承认的一个前提是每个人对投资风险的承受程度是绝对不同的，在自己想要什么样的盈利的时候，先去想想自己能承受什么样的亏损，既然承受不了爆仓就不要天天去想着资金翻倍。

所以，对每一个投资者来说，最好的投资机会并不是能够看到多远的盈利空间，而是投资风险可控可受，投资盈利可期。

九、投资的进步源自对投资规则的坚守

（一）投资的进步，源自投资者对投资规则的坚守

规则，对我们来说往往意味着束缚和无聊。

投资是一种未知，是不知盈亏的未知。这种未知的心理感受，一方面让人感觉恐惧，另一方面让人感觉刺激。每个投资者都会纠

结于这种进与退之间的矛盾心理。对刺激事物的追求是人类心理上与生俱来的重要自我调整因素。

为什么投资对我们来说会有这么大的魅力？其主要原因恐怕就是它可以去满足每一个投资者那种恐惧中夹带着刺激的心理。当每一个投资者因为去追求刺激，难免在各种因素的诱导下，很多的投资者就会慢慢变得随心所欲起来。可是，随心所欲意味着所有的判断和执行完全是靠自己的主观意志。他所造成的结果往往就是让我们站在趋势的对立面上而自己都不知道。

我们所等待的投资机会，并不是在我们自己的分析判断里。唯一能够让我们去分析投资机会的也许就是我们在投资市场的规律中所总结出来的投资规则，可是这些投资规则并不符合我们心理上的惯性思维。所以，投资规则往往会让我们觉得很难受。

当我们选择去信任投资规则这就意味着，作为投资者的我们必须要放弃那种随心所欲的刺激感。从自己凭空创造投资市场行情到去利用投资规则去跟随投资市场的行情，这是每一个投资者所要经历的一个成长过程。所以说，投资的进步是源自投资者对投资规则的坚守。

当我们可以去做到，那么投资就不再是用一种我们自己的主观去预测投资市场的行情来进行投资，而是变成了一种对大概率事件的坚守；尽管这个过程会有起起落落，可最终的结果一定会是指向做大概率的一方；尽管当我们选择去坚守投资规则，存在感和刺激都不会再有，可结果不会太差；从一定程度上来说，这也是对自律和克制的一种奖励。

（二）对投资来说，敬畏之余，更难的是始终坚持自律

投资者的信心，总是崩溃于绝望过后出现了那一点点的希望时。

当我们一只股一路往下跌时，我相信死扛派是一定不会去选择做一个止损的，甚至还会去疯狂地加码降均价。可是一旦市场略有反弹以后，信心就不会那么坚决了，总是害怕行情不涨，更害怕行情再跌回去。甚至眼里是不容一根绿线的出现，当然了毕竟扛单子的痛苦感受，搁谁身上都不好过。所以当市场大跌的时候是搞不垮

投资者的，反而会去制造一堆的"英雄"出现。投资者经常会在超跌反弹的时候去选择止损，所以说一个有水平的庄家总是喜欢用这种恐惧和希望的方法来回去诱骗投资者。不客气地说，一个没有了信心的投资者基本上就是一只会跟风等待被宰割的羔羊，所谓杀人诛心说的就是这个。

对投资者来说，在敬畏投资市场之余，我觉得更难的是始终坚持自律，坚持投资规则。自律可以让我们获得一种自由，投资如同是在修行。可是，这场修行不应该是弃世，而是入世，是去心存热爱，因为心存热爱，我们才会有去面对各种各样挫折负重前行的动力。

十、放弃是为了更好地胜利

（一）投资者要有所放弃，明白舍得

有一个非常好学的年轻投资者，他很想在投资方面成为一个高手。可是投资了许多年，其投资方法不仅没有什么长进，而且亏损非常巨大。为此他每日思考，非常苦恼，于是四处向人求教，到底自己的错误在哪里？

有一天，年轻投资者向一位老师求教。老师利用休息日带年轻投资者去爬山。年轻投资者一路看到山上许多迷人的小石头，就把它们放在自己的背包里，不一会儿就吃不消了。老师这时候才说，"背着沉重的石头是无法登上山顶的。投资也是一样，你总是想盈利，遇到熊市又舍不得止损，遇到牛市又不会合理地止盈，那么你肯定亏损。"年轻投资者马上顿悟。从此以后进步神速，知道应该在什么时候止盈止损，并且知道自己不能贪婪，应该奔逃的时候就拼命走人。

作为一个投资者要无欲则刚。人生有太多东西需要我们去选择放弃，投资也是一样的道理。当我们没有太多的欲望成为我们投资的累赘，投资就会更洒脱。有时我们选择了止损，也就是选择了成功和盈利。

（二）大对小错，不追求完美

投资的过程是一个不断犯错的过程。有些错误也许早晚会犯，

今天不犯，可能明天就会补上，重要的是不能去犯致命的大错误。连小错误都一点不想犯的人，说不定就会犯大错误。大对小错，这是投资的最好结果了。要大对小错，就不能去追求完美。搞艺术的刻意追求完美，也能达到相对完美的境界，可是投资却不能。

如果一个人在投资时，充满了想象，编织着自己的美梦，并为实现这个美梦而坚持不懈地努力，那么离失败也就不远了。投资市场的不确定性决定了没有谁能达到一种完美。

在某一个时段可能达到相对的完美，但是不断地去追求完美，从长远看必然是因小失大，捡了芝麻丢了西瓜，甚至是既没捡到芝麻，又丢了西瓜还把自己搭进去。其实，大对小错也是一种美，只不过是一种缺憾之美罢了。

（三）一定要学会如何放弃，其实这只是为了更好胜利！

老子曾经说过："洼则盈，敝则新，少则多，多则惑。"

这其实是在告诉我们，做人千万不能有过分的贪念，我们要学会去舍得去放弃。有时候能够舍得反而是一种得到，想去贪念什么反而容易失去。所以学会如何放弃也是一种大智慧。其实，在投资市场谁也别希望自己盆满钵溢，鱼头鱼身鱼尾都"统吃"。正确的做法是：找准自己的定位，只吃属于自己的那块利润。

自己盈利自己高兴，别人盈利也要心态平和。要有一种"该住手时就住手，剩下的利润由别人盈利去"的大气度。否则，你肯定会与失败结缘。

第四节　投资的错误做法

一、"穷人思维式"炒股

（一）"穷人思维式"炒股有多可怕？

诺奖的获得者、行为经济学家理卡尼曼和特韦斯基曾出了这么一个思考题，你面临两个选择，一个是直接得到100万美元，另一个是你有50%的机会得到一亿美元，当然还有50%的机会，什么都得不到。那么你选哪个？很多人会选择第一个，因为第一个选择毫无风险，第二个选项虽然1亿美元比100万美元多，但还有50%可能一分钱都得不到，与其有风险不如直接拿100万美元走人好了。

以上是根据卡尼曼和特韦斯基的行为经济学的基本原理之一"确定效应"所设计出来的问题。

什么是确定效应，在确定收益和赌一把之间，多数人会选择确定的好处。所谓的见好就收，落袋为安，这个我们称之为"确定效应"。

而卡尼曼和特韦斯基提出的另一个基本原理"反射效应"，在确定的损失和"赌一把"之间做抉择，多数人会选择赌一把，称之为反射效应。让我们来做一个反射效应的实验，假设你一定会赔30000元，也可以选择你有80%的可能赔40000元，20%可能不亏损。你会选择哪一个？投票结果是只有少数人情愿花钱消灾，大部分人都愿意和命运拼一下。

反射效应是非理性的，表现在投资市场上就是喜欢将亏损的标的继续持有下去。统计数据证实，投资者持有亏损股时间长于持有获利股。投资者长期持有股多数是不愿意割肉而留下的套牢股。

这两个原理说明了穷人思维的两大特点。

其一，不用理性思维，受本能与直觉去操纵自己的投资行为。其二，人在面临盈利时不愿冒风险，而在面临损失时人人都成了盲目的冒险家。在投资中就变成了，盈利股不能坚定持有，盈利就跑；亏损股不肯止损一套数年，长期来看总是小盈多亏。

（二）投资市场没有天才，只有与自己死磕的勇士

很多人都说在投资市场想要获得成功是需要天赋的，我不止一次听到过类似的言论。当然在投资市场有些人是生而知之的，意思就是这些人在简单地投资几次后，就会忽然明白：哦，投资应该是这样做的，然后就慢慢走向了成功。当然，投资市场上也不缺乏那种年纪轻轻就盈利千万上亿的投资故事。

其实对笔者个人而言，笔者是不相信有什么天才投资者的，因

为投资市场不是物理数学等确定性很强的领域，投资是极度不确定的，这里面根本就很少有定式。

想要从中脱颖而出，靠的是走入陷阱磨砺己身，然后才能够有所进步，换句话说在投资市场谬误横生幻象遍地，没有人能够简单地投资几次就能够得到精髓。投资得要先入地狱才能够浴火重生，如果真要说天赋，那么只能说最值得依靠的就是独立思考的能力和较高的洞察力。

在我的投资生涯中，遇到过无数号称自己是天生的投资者的人，他们大多数都是在短暂盈利后变得狂妄，然后加资金加杠杆借钱来投资希望能因此暴富走向人生巅峰。

结果可想而知，越觉得自己是天才的人被投资市场淘汰的速度越快，投资市场的变化极度地充满了不确定，你要永远相信一个真理，投资市场就是专治各种不服的。

只有那些低调懂得克制自律的投资者却在沉默地与自己死磕，记录下自己的投资过程，自己分析思考投资失败是为什么，他们思考盈利是如何成功的。他们去强迫自己去进行每笔投资的止损，忍受利润回吐的痛苦去让利润奔跑，还需要去经历各种各样投资市场暴利故事的诱惑。

投资是一项专业的技能，它也需要投资者仔细打磨、大量的练习，同时投资也是一项反人性的工程，投资者必须通过大量的投资、大量的失败、大量的反思，洞察到自己人性在投资中的副作用，进而发现真相，去克制自己的人性，在这些过程中都需要大量的专业训练、大量的经历磨炼才可以得到提升。天才？天才在这里容易夭折，在投资市场没有天才，只有与自己死磕的勇士。

二、投资者为什么一投资就亏损？

投资市场每一天都在不停地进步，庄家每一天也在不停地进步，所以在这样的投资市场里，作为千千万万投资者之一的我们，也只有一个处境——不进则退。

有一句股市俗话是这样说的："会投资的只是个弟弟，会止盈止损的才是师傅"。可是我们一旦投资时，肯定会出现那种投资就亏损，一止盈止损就行情大好的尴尬局面，这也似乎成为投资市场铁一般的规律。

我想非常多的投资者都会有种类似的经历和疑问，觉得自己可能就是那个被投资市场所诅咒的主人公啊，简直气死人了！不然为什么在投资市场中一个手持亿万资金的庄家，投资好几年来就一直盯着我手里的那小小的几万元不放啊？

不要怪我，我要非常残酷地告诉你，你没有什么非常牛的身世，你只有一堆非常错误的投资心理。就好比当你看到别人抬头看天的时候，你也会好奇地走过去抬头看看他到底在看什么东西。然后，你会呵呵地发现，他其实只是流了个鼻血……

在投资市场也是一样的道理，大部分投资者都是这样，只要你看到别的投资者在投资，你马上就会觉得自己也要投资，跟风一波。可是最后你会痛苦地发现，自己投资的都是主力盈利抛出的货……

要知道，投资市场可是一个零和博弈的地方，主力唯一的对手就是那些意志非常不坚定的投资者。庄家要投资时，必须要让大部分投资者去相信，这是庄家在投资的一个假象而已。一直投资到大部分投资者都去相信了，庄家的目的也就愉快地完成了。所以当大部分投资者相信了，正好庄家也就出货完毕了。

你一定要明白，如果庄家还是看好投资市场的话，你是根本不会那么容易就投资到的，可是一旦真的是被投资市场一致看好的时候就会立马出现锁仓现象。所以，你明白自己为什么会出现那种一投资就亏损，一止盈止损就行情大好的尴尬局面了吗？都是套路啊。

做投资一定要学会忍忍再投资，逢低投资，慢慢地逐步投资，千万不要去做什么一锤子就下去的投资，那样你资金一旦全部没了，你也就没有回旋余地了。如果投资到一个高位，止盈一定要果断。平时可以去适当学习一点投资方法，可是也不要去过分依赖投资方法。

更要尽可能地去了解一下投资市场庄家资金的思路和国家经济总体趋势，这样才能把握住投资市场的方向。投资的时候我们才能知道自己什么时候才能投资，什么时候才能止盈止损。

投资者刚进入投资市场一定不要对投资市场有太高的期望值，我们不要太在乎自己盈利多少，而是尽可能地避免亏损。

一定要记住每一次投资不管盈利多少，只要不亏损就是大胜利啊。投资市场里时常会有什么投资神话出现，也有非常多的投资厉害的高手，千万不要去羡慕别的投资者。把握好自己这才是投资最重要的。平时多学习投资方法、多去分析市场经济的变化、多去把握庄家的思路这才是正道啊。

三、散户为什么一直亏损？

很多投资者都会说投资市场是个反人性的市场，并且都认为投资的反人性正是自己亏损的主要原因。如果我们把人性分成两个部分，即好的人性因素与坏的人性因素这两部分，好的人性因素有同情、宽容、正义感等这些。

坏的人性因素有贪婪、恐惧、骄傲、妒忌、懒惰等。这样我们一分是不是很清楚了，自己仔细思考之后你就会发现，投资反人性反的正是那些坏的人性因素，所以说投资是反人性的这没有错。

坏的人性因素人人都有，这是与生俱来的，每个投资者都会经历一个亏损阶段，这些正是贪婪、恐惧、骄傲、妒忌、懒惰在投资中对我们的负面影响，使我们反反复复亏损。克服坏的人性因素越多，克服得就越彻底，盈利的机会就越大，盈利的稳定性就越强。

我们看到很多投资高手基本上都能做到心态平和地投资，把投资中可能产生的坏的人性因素有效去克服，从而慢慢获得了令人羡慕的投资盈利。对个人而言，投资是一种磨炼，在磨炼之中走出来的人将得到人性与人生的升华，正是因为人性的因素与生俱来，所以要克服它们会异常的困难，自己与自己的战争确实是一场磨炼。

同时，也正因为投资市场反的是坏的人性因素，所以只要从磨炼中慢慢走出来了，那也就克服了这些坏的人性因素，使自己得到一个全方位的升华。最终不但在投资中慢慢受益，在人生的其他很多方面也将受益。

与其说投资是反人性的，不如说投资市场是人性弱点最好的检阅场。

巴菲特有一句话我觉得是目前对人性最好的解析："在别人恐惧时贪婪，在别人贪婪时恐惧"。如果你明白别人什么时候贪婪什么时候恐惧，那么这句话非常有道理，可是你不知道的话，那么这句话说了就等于没说一样。在我看来要读懂巴菲特这一句话的关键就在于你既要看得到别人什么时候贪婪什么时候恐惧，也要明白自己什么时候贪婪什么时候恐惧。

投资不只是反人性的，更要洞悉人性，只有洞悉了人性，这样我们才能保持独立的思考和理性的判断。

投资市场是千变万化的，你在观察着投资市场变化的时候，它也在无时无刻地观察着你的变化，要明白投资市场是不断进化的，一年比一年聪明的，这是为何？投资者为了适应投资市场的变化，多多少少都是在学习的，我们在学习，投资市场也在不停地进步。如果你跟不上投资市场变化的脚步，你就肯定跑不赢它，你只有进化得比它更快才能够慢慢地扩大你的盈利。

所以在投资市场你得要不断地去学习进化，就像学武功一样，你要把各门各派的武功融会贯通才行，不可能单凭一门武功就闯荡江湖。

对于投资市场，投资者要明白哪些人性是在影响投资的，人性就像是一头野兽，它时刻会对投资产生很大的负面影响。可是人性是无法避免的，它是客观存在的，我们唯一能做的只有去洞悉它，让它尽量安静沉睡下来，避免激发起人性里所带来的情绪影响。

三种"反人性"投资行为

反人性，投资不要天天看价格。

投资市场见好时，人们可能一天天看很多次股，然而经济学家却总是建议投资者少看价格。据统计称，看的次数越少，投资的收益越高，因为理性不是人类的常态，理性的时候是有限的，一天到晚看，价格的波动会严重干扰自己的投资决策，很难让自己做出一个理性的投资行为。

反人性，不能频繁地投资。

不管怎么说，频繁地投资既伤神，又伤身，还可能伤财，除了专业的短线投资者，频繁的投资是不合适的。投资市场价格上下波动变化，人是非常容易情绪化的，很容易影响到自己的正常判断。另外，投资是要成本的，投资越频繁投资成本就越高，投资者不应该进行无效的投资，要抑制投资的冲动，这样既能降低投资的成本，又能尽量避免投资失误的发生。

反人性，投资要懂得认输。

投资不管怎么样要有原则要有底线，更要学会向投资市场妥协，不懂得认输的投资者，亏损了还死磕，一套就不知道要多久才能解套了。不懂得认输，只知道一味地要盈利，投资市场是会教你如何做人的，所以要懂得认输，否则你只能亏损多过盈利。要明白，大部分的投资者都是非理性的，包括我们自己，投资没有规则、系统，就会犯"人之常情"的错误。投资，是一件很"没人性"的事情，很反人性的事情，你准备好了吗？

四、亏损是每一个投资者的宿命

为什么要投资？我想很多投资者多半原因是认为盈利很简单很快吧。可是所有的投资者都会盲目地高估自己所拥有的能力，在入市初，根本没有人想到什么人性的疯狂和贪念之类的一些东西。

在这个阶段，往往会使投资者自己变得很浮躁，你以为盈利很容易其实根本就不是，这是所有在投资市场待久了的投资者都不曾认为的。许多入市之前的美好愿望，可以说基本上也是在最开始进入投资市场阶段都会梦醒、梦碎。到底有多少投资者在真正的亏损之后才会慢慢明白。

原来投资也是会亏损的，而且是可能"亏死"的那种。其实，与那些什么鬼的投资神话相比，投资市场所产生的亏损悲剧多到数不清。只不过每一个投资者都认为自己是所有投资者中会盈利的几个人之一，从来就不会觉得自己其实更多会是亏损的那个。

比这更残酷的是，亏损不会随着你的投资水平和投资经验的慢慢增加而改变。无论你做投资多少年了，你还是会亏损，所有投资能力和投资水平都是为了在亏损时可以尽可能地少一点亏损，而不是为了一点也不亏钱，千万别做这个梦了。很多投资者一直在梦想着一点也不亏损，即使有一些投资者也明白了不应该去追求什么完美的交易，可是哪里会有完美的投资啊，连巴菲特都做不到何况是你呢。

完美应该去接受亏损，去选择承受亏损。可是我们总是绕不过自己的心魔，哪怕你自己知道该怎样去做，到头来还是做不到。

这种无力感是所有投资者所备感痛苦的一个根源，这就是投资，我们常常想凭借着我们的投资技术去盈利，可最后还是亏在了执行上面。

投资亏损无外乎有两种情况：一种就是满仓一把梭，错了还不认不肯止损，最终来一把大爆仓要死要活的；另一种情况就是不停地来回止损，把自己的资金慢慢搞缩水，这样和送钱其实没什么差别。

第一种情况常见于那些刚进入投资市场漠视投资风险的投资新手，第二种情况常见于那些亏损怕了的投资老手。

尤其是第二种情况，很多投资者都会疑惑，为什么很多投资者都说控制投资风险才能盈利，我明明把止损做得非常好了，为什么还是不能盈利呢？没有办法，亏损是每一个投资者的宿命。每一个投资者一定会面临亏损，而亏损一旦到达止损位后那么最正确的做法就是去平仓然后停下来。

只有停下来这样才能从原有的思维里跳出来，重新去好好审视自己到底错在了什么地方，什么时候可为，什么时候不可为，这个就是市场节奏的问题了。

投资者盈利是因为跟对了投资市场的节奏，同样亏损也是因为投资者没有跟对市场的节奏。市场节奏千变万化，节奏一旦不对，即使方向正确也是很难盈利的。

对投资者来说，最需要去做的不仅仅是要找好投资方向，还要在正确的市场节奏点上去投资。能够满足这两个条件，这是非常难得的，这就是为什么一个好的投资分析师不一定是一个很好的投资者的重要原因。

投资分析师他们只需要去找好市场的方向，根本就不需要去在乎什么市场节奏。因为他们是不进场投资的，但是投资者不行，亏损的都是真金白银啊。

投资不是要求我们投资者时时刻刻都要去投资，我们是否要去做投资是要看投资市场的整体走势是怎么样的，更要看投资者自身的状态如何。

当市场节奏错乱不堪时，或者自己状态不好时，什么都不要去做，那么这就是最好的投资，很多投资者亏损，不是严格止损有什么问题，而是有些投资就根本不应该去投资。

五、投资亏损就在于想得太复杂

（一）投资是一项最难界定的既简单又复杂的工作

说投资简单，是因为一个投资的成功是有50%的正确概率的，可以说连隔壁市场那个卖茶叶蛋的大妈也能把投资市场说出个门道来，并且也会有那么几次不错的投资盈利。说投资复杂，是因为我们经常会看到非常多的那些高智商、高学历、能力的高才生在这里面亏损到害怕。

就是这可以说得上简单而又明了的市场行情，那复杂而非常善变的心态，构成了投资与人性间一出好戏中的最跌宕起伏的两个重要因素。

说实在的，对于大部分投资者来说，投资的简单与复杂可以用一句老话来形容，那就是当局者迷，旁观者清。

资金，是所有投资问题的症结所在。身处投资市场外没有市场中利的诱惑与因为亏损而恐惧的羁绊，在这种情况下心态是最清明的，理性的作用可以发挥到最大，所以在投资市场才会出现了那么多有投资水平的分析师。可是投资者一旦进入投资市场以后，所有的投资决策都是要为自己的一个不停盈利的欲望而服务的，所以在投资市场不管是再一流的投资分析师也只能从最三流的投资者开始慢慢做起。

（二）投资亏损就在于想得太复杂

从我们作为人的认知的角度上看，任何事情的认识边界都非常容易出现一种过度的现象，所以说这就是为什么在宏观社会的大环境下总是会出现非常多的投资泡沫。

放在这样一个相对微观的投资行业来说更是如此，在投资市场里投资者们见过了太多的投资者亏损了，所以说很多投资者宁可把投资市场想象得复杂一点，都不去思考自身存在的问题。可问题是只要我们一去复杂地想就非常容易跑偏，打个比方说有很多投资者在谈及什么投资方法时，都多少会提到什么佛啊与道啊。对于这点我们应该清楚，念佛不是去祈求什么佛祖保佑盈利啊不亏损啊，这是没有用的，我们应该去学习佛祖的那种面对诱惑时无我的投资心态，从而期望我们投资时能够保持一份理智和冷静。

投资的本质终归来说是一种概率的事，尽量用最小的投资错误去验证大的投资盈利就是投资市场盈利的主线。所以说，我们与其把自己的精力浪费在连自己都不明白不清楚的那些深奥的投资理论和复杂的投资模型里去，还不如实在点用最原始的、最低级的投资眼光去分析这个投资市场。也许仅仅靠那么一个价格、一根均线就可以达到出乎意料的投资结果。所以说，做投资不要想得太复杂，大道至简，盈利有时候就是这么简单。

六、价值投资

价值投资的理念很多人都认同。但究竟什么是价值投资，不同的人前前后后从各个角度给过多个定义。

学术界比较公认的，巴菲特也支持的"企业内含价值"的定义，即"企业未来现金流入的折现值"。基于此，估值方面，理论上最精确的应该是现金流折现模型（DCF）。然而实际上这并没什么用。因为根本测不准企业未来的现金流，随便改个参数就差之毫厘谬以千里。在我看来，价值投资的关键并不是方法和工具，而是重在思想和出发点。

股票，"股"在前，是本质，"票"在后，是表象。股票首先是公司的权益，其次才是可供交易的证券。不忘初心，我们才不会走偏。买股票就是买公司。这是做价值投资最根本的认识。

所以价值投资的关键是实业思维投资。你要明白你所投入的每一分钱所代表的是一部分生意。股票今后前景如何，取决于这部分生意未来的好坏。股票价格高低与否，基准在这部分生意的价值评估。

只要你是根据股票所代表的生意的价值去评估和投资的，就是价值投资，也不以成功与否而论，毕竟实业都有诸多失败者呢。并不是价值投资就一定能成功，这点和干实业一样，充满各种风险和不确定性。

有些人擅长趋势分析，去琢磨人心和市场背后的运行机制，也有赚大钱的，不确定是否纯属运气，但那肯定不是价值投资。

七、格雷厄姆否定的几种交易策略

市场交易（追涨杀跌）：指在股价上升时买进股票，在掉头向下时抛出（笔者理解为此处指的是"趋势投资策略"，笔者是认可趋势投资策略的，该策略是基于人性的弱点设计的，坚定地执行该策略是使人极不舒服的，大部分人是做不到的。）。

短线择股（听消息）："买进那些已经报告或预计将报告业绩增长，或有其他利好消息的公司股票"。

"公司当年的业绩已经成为华尔街众所周知之事；公司次年的业绩——如果能够预测的话——也已经被人们仔细地考虑过了。因此主要根据公司当年的优秀业绩或被告知的来年预期增长率进行选股的投资者会发现其他人也在基于同样的理由做同样的事情。"

长线择股（成长股）："看重公司过去拥有的良好成长记录，并且这种成长很可能会延续到未来。或尚未取得优良业绩，但预计以后会形成高盈利能力的公司。"

"那些力求发现最有前景的股票的投资者，无论其着眼于短期还是长期，都面临着两重障碍：第一，人总是会犯错误的；第二，人的竞争能力有限。他也许会错误地预测未来；即使其判断无误，当前的市场价格也许已经充分反映了他的这种预测"。

看来，70年过去了，格雷厄姆总结的几种亏钱的方法依然适用于A股：最经典的亏钱方式，追涨杀跌听消息，炒成长，炒概念"。

八、地产泡沫

人类泡沫史源远流长，皆因贪婪和无知所致，而房地产因为刚需和体量巨大，成为多次泡沫史的主角，美国佛罗里达地产危机是有记录的第一次房地产泡沫，其后日本、东南亚都未能摆脱，而最近一次全球性金融危机也是源自美国的地产泡沫，这些危机都有什么共性值得留意？

佛罗里达地产危机

1926年9月，一场飓风以每小时200公里的速度横扫佛罗里达，飓风引起的海啸将佛罗里达的两个城市夷为平地，摧毁了13000座房屋，415人丧生，海水涨到了二楼，人们只能爬到屋顶逃命。飓风刮倒的不仅是房屋，还刺破了人类历史上第一个有记载的"房地产泡沫"。

飓风之后，许多破产的企业家、银行家，或自杀或发疯，有的则沦为乞丐。据说美国商界大名鼎鼎的"麦当劳教父"雷·克洛克，也因此一贫如洗，此后被迫做了17年的纸杯推销员。

佛罗里达炒房史，是一个充满"蝴蝶效应"的故事。佛罗里达州位于美国东南端，直插海洋，靠近古巴，冬季温暖湿润，是一个度假胜地，尤其是迈阿密北边的棕榈滩岛，更是美国富人聚集的天堂，"一战"之前，这里每到冬天就会聚集美国"四分之一的财富"。

"一战"之后，事情有了变化，因为远离战争又大发战争财，美国人民感觉口袋充盈，并且相信"美国永远赢"！工作机会增加，待遇优厚，股票市场繁荣，让大把的人有了钱，有了钱大家主要干三件事：买房、买车、玩！

买房并未在全国形成风潮，虽然1927年的《麦克法登法案》开始允许国民银行发放非农业不动产贷款，但对房价的刺激并不明显，1921~1925年，华盛顿城区的房屋价格涨幅也只有10%左右。

但是买车的人越来越多。那个年代诞生了一个叫汽车分期的产品，10%的首付款就可以开走一辆昂贵的汽车。

与此同时，美国正在进行轰轰烈烈的城市化运动，道路改善很多，于是，人们不再受限于火车，"自驾游"开始盛行。以前只有极少数人才能去的佛罗里达也成了中产的度假胜地。

他们很快就发现，这里才是真正的房产价值洼地啊！很多人愿意在这里买房或者买一片土地用来度假，房地产也跟着逐渐繁荣起来。赚钱的消息就像风，藏都藏不住。更多的美国人来到这里，迫不及待地购买房地产。在1923~1926年，佛罗里达的地价出现了惊人的升幅。例如棕榈海滩上的一块土地，1923年价值80万美元，1924年达到150万美元，1925年则高达400万美元。有人传言，几年前投入800美元，几年后赚了15万美元，于是人们纷纷投入地产行业。回报也是疯狂的，地价每上升10%，炒家的利润几乎翻1倍，但还是赶不上房价，1923~1926年，佛罗里达的地价出现了惊人的升幅。房价以每年超过1倍左右的幅度增长，一幢房子在一年内涨4倍的情况比比皆是，迈阿密地区的房价在3年内上涨了5~6倍。

当时的口号就是，"今天不买房，明天就买不到了！"，《迈阿密先驱报》因刊载巨量的房地产广告而成为当时世界上最厚的报纸。据说当时迈阿密只有75000人口，从事房地产业的就高达25000人。

银行也在推波助澜，一般人在购房时只需10%的首付，其余90%的房款完全来自银行贷款。投资者只需支付一定的利息，就可以坐等一个好时机将房子转卖出去，而售价往往是原价的2倍以上。还清贷款后，所赚得的利润可达10倍以上。

佛罗里达的"赚钱效应"也吸引了一些另类人物，比如一个意大利移民庞兹，他讲了一个邮购券的故事，许诺了超高的收益率，人们争相到来，庞兹用新钱还旧账，越玩越大，这也就是"庞氏骗局"的由来。

地产还是主流，到佛罗里达投资成了美国人致富的途径之一，开往迈阿密的火车轮船上，挤满了做发财梦的美国人。一时间，无数的财富竞相投入佛罗里达，市区街道两侧的房屋均被高价买下，郊区尚未规划的土地也分区卖出。买房买地的人很少去实地看，他们也不在意品质，他们只需要等待，等它上涨后卖出，从中获得差价。

而一场突如其来的飓风打碎了所有美梦。

1926年底，不可避免的崩溃终于来临了，迈阿密的房产交易量从1925年的10.7亿美元萎缩到了1926年的1.4亿美元。许多高位接盘的人开始付不起房贷，人们纷纷抛出自己手中的房地产，导致房价暴跌，破产的家庭比比皆是。

这个泡沫的破碎并不是一个独立的、局部的案例，即便没有这场飓风，泡沫也会因为其他的一个小诱因而破灭，之后美国政府大力控制负面影响，但是经济危机这个炸弹的引线从佛罗里达地产泡沫破灭时就被点燃，1929年华尔街崩溃，进而导致了20世纪30年代的世界性大萧条，这就是另一个故事了。

第五节　操作原则

一、四条建议教你如何高效投资

"成功高效的投资往往属于那些善于坚守投资原则的人。"正如本杰明·格雷厄姆所说，在投资中，坚持投资原则是战胜市场，提高投资效率，获取超额收益的重要保障。

格雷厄姆提出价值投资的理念，并对投资始终保持谨慎的态度，力求在承担较低投资风险的前提下，获取较高的投资收益。在长期的投资实践中，格雷厄姆反复验证投资原则的科学性，在《聪明的投资者》一书中为投资者总结了提高投资效率的四个原则。

第一，适度分散投资。不要"把鸡蛋都放在一个篮子里"。格雷厄姆认为，投资组合应该采取多元化原则，适度分散有助于降低投资组合风险，提高投资组合的收益，降低表现不佳的单只股票对整体收益的吞噬。他建议投资者的持股数量限制在最少10只，最多30只不同的股票之间。

第二，优选规模可观且处于行业领先地位的公司。如果一个公司具有较大的规模，并且能够始终保持行业领先地位，那么这类公司往往具有较强的市场竞争优势，企业护城河较深，创新能力较强，具有抵御风险的能力和良好的发展前景，适合长期投资。这个原则和巴菲特精选具有较长较深"护城河"公司的原则有异曲同工之妙。

第三，选择具有长期连续支付股息历史的公司。股息率，即每股分红占股票价格的百分比，股息的支付是公司运营和发展实力的最佳代表。保持良好的财务数据，有助于公司适应不同经济发展状态，创造出可持续的高资本回报率，更具长期投资价值。格雷厄姆认为：具有长期支付股息的公司往往能够保持财务稳健，这类公司大多数情况下会是市场中的佼佼者。

第四，参照每股利润，用市盈率作为比较标准，筛选价格合理的公司。格雷厄姆建议投资者在选择投资标的时使用低市盈率作为准绳，必须要研究每个低市盈率股票代表的不同含义，能够分辨出哪些股票的确大势已去，而哪些股票只是被市场暂时误解和忽视。一般而言，他更倾向于选择市盈率基本增长率超过7%的企业。一个低市盈率股票是否值得关注，还应当看其成长性。

此外，格雷厄姆还提醒投资者在坚守上述四条原则的同时，需考量安全边际，选择具有较高安全边际的公司，在合理的价格买入。同时避开短期过热的股票和公司，关注企业的成长性。

二、避免损失比争取伟大的成功更重要

投资者几乎无须做对什么事，他只需能够避免犯重大错误——沃伦·巴菲特。

在我看来，设法避免损失比争取伟大的成功更加重要。后者有时会实现，但偶尔失败可能会导致严重后果。前者可能是我们可以更经常做的，并且更可靠……失败的结果也更容易接受。投资组合风险过高时，向下的波动会令你失去信心或低价抛售。投资组合风险过低时，会令你在牛市中表现不佳，但从未有人曾经因此而失败，这并不是最悲惨的命运。

（一）更关注理念和心态

为了避免损失，我们需要了解并避免导致损失的错误。我会把在前面讨论过的关键问题汇总在一起，希望能够通过集中强调这些问题，帮助投资者对错误保持更高的警惕。我们以了解多种错误的存在并认清它们的样子作为出发点。

我认为错误原因主要是分析/思维性的，或心理/情感性的。前者很简单：我们收集的信息太少或不准确。或许我们采用了错误的分析过程，导致计算错误或遗漏了计算步骤。这一类错误不胜枚举，不过，更关注理念和心态而不是分析过程。

不过，有一种分析性错误是我想花些时间探讨的，我称之为"想象无能"。用来表示既想象不到所有的可能结果，也无法完全理解极端事件的结果的情况。我会在后文详细阐述这个问题。有很多导致错误的心理/情感因素已经探讨过了：贪婪和恐惧，自愿终止怀疑，自负和嫉妒，通过风险承担追求高额收益，高估自己的预测能力的倾向。这些因素助长了繁荣和崩溃的发生，而大多数投资者都参与其中，采取着完全错误的行动。

另一种重要的错误——很大程度上是心理因素，但是它重要到值得单独归类——是没有正确认识到市场周期和市场的狂热，并选择了错误的方向。周期和趋势的极端不常发生，因此这不是一个常见的错误原因，但是它会导致重大错误的发生。群体心理强迫个人依从和屈服的力量几乎是不可抗拒的，也是投资者必须抵制的。这些错误同样已经在前文讨论过了。

（二）推断未来不容易

"想象无能"——无法提前理解结果的多样性——特别有意思，它对许多方面造成影响。如前所述，投资完全就是应对未来。为了投资，我们必须持有对未来的看法。一般来说，除了假定它会与过去十分相似之外，我们几乎别无选择。因此，很少有人会说："过去50年的美股平均市盈率是15%，我预测在未来几年它会变成10%（或20%）。"

因此大多数投资者是根据既往尤其是近期发生的事推断未来。为什么是近期？第一，许多重要金融现象的周期较长，意味着在下一轮周期重现之前，那些经历过极端事件的人往往已经退休或死亡。第二，正如约翰·肯尼斯·加尔布雷思所说，金融记忆往往极其短暂。第三，所有曾经的记忆往往都会被最新热门投资轻松赚钱的承诺抹除。

大多数时候未来确实与过去相似，因此这样的推断没有任何害处。但是在重要转折时刻，当未来与过去不再相似的时候，推断会失效，你要么损失惨重，要么赚不到钱。

回顾一下布鲁斯·纽伯格对概率和结果的差异的精辟见解是很有必要的。意料之外的事情会发生，短期结果可能偏离长期概率，事件可以聚集。以掷骰子为例，同时掷出两个6点的概率是1/36，但这样的结果可能会连续出现5次而在接下来175次中都不再出现。长期来看，它发生的可能性与其概率是一样的。

认定"一定"会发生的事却没有发生，会令你痛苦不堪。即使你正确地理解了基本概率分布，你也不能指望事情会按照预期的方向发展。成功的投资不应过分依赖聚集分布的正常结果，而是必须考虑到离群值的存在。

三、规避市场情绪的三条建议

"如果你持有的股票正幸运地处于'市场狂热'状态中，迅速抛出股票将利润转化为现金，不要再回头看。"正如杰里米·西格尔所说，"作为投资者应该有发现并规避市场狂热的能力，只有这样才能在市场中取得长久的胜利。"

作为长期投资和价值投资坚定的追随者，美国沃顿商学院教授杰里米·西格尔在《投资者的未来》一书中送给投资者规避市场狂热的三条建议。

第一，合理定价。不管泡沫是否存在，定价永远是最重要的。西格尔认为，股票的长期收益取决于实际的利润增长与投资者预期的利润增长之间存在的差额。投资者选择股票时必须注意价格与利润的对比情况，仅仅关注增长前景会让投资者陷入低收益率的窘境。那些为了追求增长率舍得付出任何价格的人最终将会被市场惩罚。

第二，不要"爱上"你的股票。一些投资者总是相信"这一次是不一样的"，他们总是忽略用理性的眼光审视自己手中的资产，进而犯了"爱上"自己股票的致命错误。西格尔认为："投资者应该随时保持客观。"如果股票的基本面不足以支持现行价格的合理性，那么不论你有多么乐观或者曾经这只股票给你带来多少收益，都应该及时割舍。

第三，避免过高市盈率的股票。市盈率是用来评估股价水平是否合理的重要指标之一。西格尔建议，投资时要选择市盈率适中的公司，将选定股票的市盈率与行业平均水平进行比较，如果低于行业水平，则未来可能会带来较高的收益，如果超过行业水平太高，则投资者面临较高的投资风险。

就像医生通过观察各种症状来诊断病情一样，投资者也可以通过一些现象甄别市场是否处于狂热状态。比如，广泛且迅速升温的媒体报道：缺乏利润依据，只是建立在一些概念上高得出奇的定价。一旦识别出市场狂热，最好的做法就是远离。

四、三要素助你成为眼光独到的投资人

"逆向投资成果往往是最丰硕的，但逆向决策需要巨大的毅力，更需要独到的眼光。"正如约翰·邓普顿所说，要收获逆向投资带来的超额收益，投资者必须把自己转变为眼光独到的投资人，时刻坚持独立的价值判断。

约翰·邓普顿的投资生涯跨越了市场的牛熊，凭借独特的投资眼光和谨慎的投资原则，管理的基金几十年来的年均回报率高达13.5%。关于如何成为眼光独到的投资人，《邓普顿教你逆向投资》一书为投资者总结了三条建议。

第一，充分了解投资的对象。邓普顿认为在买进股票之前，必须彻底了解这家公司，包括公司的运作方式、刺激销售的原因、为维持利润而面临的各种压力、业绩在一段时间内的波动状况、应对竞争的方式等。只有全面深入地对公司进行了解和分析，才能时刻保持独立完整的价值判断，避免被市场信息误导，提高决策的准确率。他建议，投资者采用自下而上的方法，重视公司基本面的研究

和挖掘。只有那些基本面良好，同时有着清晰明确的长期发展规划和较强盈利能力的公司才能成为投资对象。

第二，逆向思维，做情绪的主人。波动是市场的常态，它影响着投资者情绪，经常诱导投资者做出不够明智的决策。在邓普顿的眼里，情绪带来的波动不是危机，而是机会。他认为眼光独到的投资者，必须在其他投资者对坏消息反应过激时，做自己情绪的主人，时刻保持高度冷静和客观。"市场情绪化的时候永远不要作顺从情绪的投资决定。相反，你的任务是，充分利用其他人因为鲁莽而出现的判断错误。"

第三，敢于成为"低价股的猎手"。所谓的"低价股"，指的是那些市场价格远远低于其内在价值的股票。成为"低价股猎手"，敢于在众人抛售股票使股价下跌，直至股价远低于其内在价值时，买进这些股票，同时积极地找出股价偏低的原因，避免垃圾股。此外，他强调"低价股"可能会在一段时间内惯性下跌，因此投资者需要保持耐心，等待市场转变，这会带来一大笔利润。

五、企业价值

企业价值反映的不仅仅是当期利润，还包含对于未来的利润增长的预期。多数长期大牛股的股价涨幅和业绩数据的对比都可以匹配，A股过去10年（剔除兼并重组的公司）两市涨幅第一的公司是大华股份，期间股价涨幅23倍，业绩增长幅度为22倍，匹配度很高。这一类公司的业务模式稳定，市场愿意给长期稳定的估值水平。

也有很多企业股价主要包含未来的预期，通常第一个就会想到美国明星股：亚马逊。亚马逊股价过去10年涨幅超过20倍，市盈率TTM高达221倍，在2016年之前市盈率长期保持在500倍以上。在比较粗浅的价值投资理念下，亚马逊这种不赚钱的公司是没有投资价值的。其实亚马逊不赚钱是很大的误区，2017年公司净利润30亿美元，研发费用226亿美元，研发投入是净利润的7.5倍。试想一下假如它不做研发，把研发费用省下来放到利润当中，那么在2017年初3875亿美元市值的亚马逊市盈率仅为15倍，非常便宜。能在全球最成熟的市场长期享受这么高的溢价，美国投资者看到的是亚马逊未来持续创造利润的能力。

美国另一只大牛股Facebook同样经历过相似的逻辑，Facebook在2016年之前名义市盈率也长期在100倍以上。公司的净利润从2015年的37亿美元增长到2017年的159亿美元仅用了3年时间，考虑2018年200亿美元以上的利润预期，Facebook实际市盈率不到30倍。投资人愿意相信有独特商业模式和护城河的公司，基于未来价值计算估值，这是更成熟价值投资的理解，在美国很难用非常便宜的价格买到真正优秀的公司。

六、中国市场存在巨大的 α

如果用CAPM模型来看中美市场的所有股票，美股作为一个整体，其盈利主要是靠 β 来实现的，α 并不高。中国A股作为一个整体，虽然 β 指标确实很差，但存在巨大的 α，造成这种结果的原因主要是权重股产业结构的差异。中国正在经历经济增长引擎从第一产业、第二产业向第三产业转型的过程当中，过去10年以中石油为代表的传统产业股价走势疲弱，这些权重股拉低了整体指数的收益。而美国正在经历科技股巨头的快速崛起，以亚马逊、苹果、Facebook为代表的公司驱动了指数牛市。事实上过去10年中国大部分产业的公司股价表现好于美国，我们在TMT、食品饮料、医药等领域涌现出了一大批牛股，这也符合中国经济快速崛起的直观感受。2018年以来沪深300指数下跌13.64%，美股标普500上涨4.53%。根据高盛的统计数据，仅亚马逊一家就贡献了指数36%的涨幅，如果去掉美国10个最大的科技公司，整体指数是跌的。

A股糟糕的 β 指标代表的是更大的波动性，而好的 α 代表了长期巨大的相对收益，只要对中国未来经济增长依然有信心，巨大的相对收益会变成巨大的绝对收益。换句话说，在中国更容易选到成长性优秀的上市公司，即使是个人投资者，只需要忍受当中的波动，就能取得满意的回报。

第六节 投资的"圣杯"

一、成功的交易 = 正确的方法 + 长期的坚持

很多人究其一生都迈不过第一个门槛，就是建立自己的交易系统，找到能实现长期稳定盈利的方法和策略，这是术的层面。当然只要够聪明、肯思考，而且有长期的实际投资经验，我相信第一个门槛，无论如何是能迈过去的，也就是摆脱散户思维，开始实现盈利。

少数人找到了这样的方法，但仍然难有作为，就是因为没有能长期坚持自己的交易系统和策略，看重短期收益，什么能赚点短期利益就违背交易系统去搞一下，在交易系统困难时期出现回撤的时候更是难以坚持，没能实现一致性，这是道的层面。而这个门槛才是最高的，不仅需要丰富的实际投资经验，对于交易系统和市场的深刻认识，还要自身的性格、价值观和对于世界的理解，达到一个境界，能够驾驭和坚持交易系统才行。把交易系统当成生活方式的一部分，把交易系统融入思想，把交易系统融入灵魂，跟交易系统融为一体，达到无为而治，被动投资的效果，我觉得就差不多。

当然，一致性的问题可以用程序化交易来从技术上完美解决，但在实际操作中，我们又如何坚持执行程序化交易的每一个交易信号，在交易系统不断回撤中如何保持信心，控制风险，继续坚持，其实也是一样的难题。

二、散户在炒股中的优势

（一）船小好掉头，对市场影响小，可灵活买卖

A股市场上机构投资者可以分为公募类、私募类、保险保障类、自营类和GJD类。截至2015年底，上述五种机构投资者资金规模约28万亿元，相当于一年全国40%的GDP，持股市值约6万亿元，占A股自由流通市值约30%。

搬出机构的巨量资金并不是吓唬你，而是要告诉你，虽然作为散户资金量少，但是少有少的好处。船小好掉头，散户看形势不妙，砸1万下去拔腿就跑，在股价下跌的时候，只要肯割肉就能保有生存的力量，下次再战；但机构就不同了，千万上亿元的资金规模，股票没砸出去，股价已牢牢地钉在了跌停板，我们看到股灾的时候，很多机构回撤都特别大，不是他们傻，判断错了走势，也不是不想减仓，而是"航空母舰"掉头难，来不及撤，被迫在里边让血哗哗地流。

行情好的时候也是一样，某只股票被看好了，散户满仓买入下一单就行；机构可不敢，几亿资金买进去，散户见此状纷纷跟庄抢筹，股价一下就封了涨停板，机构有钱却买不着好价钱。

总之，资金量决定了操作的灵活度。散户资金少，来无影去无踪，可以迅速买卖；机构资金规模大，买卖行为容易被市场察觉，并影响股价，买卖不如散户灵活。不然，为啥巴菲特年化收益率20%就被封为股神，而那么多小伙伴轻轻松松赚100%却还默默无闻呢？

（二）自己的闲钱，可以长久泡在股市中

另一个是资金成本问题。散户炒股的钱主要还是自己的吧，市场持续走弱或者长期盘整的时候，可以长久耗着，股市经过长时间的熊市总会迎来牛市，拿着股票等风来，大不了就损失存银行那点微薄的利息。但机构耗不起，钱不是自己的，随时面临巨额赎回的压力、业绩排名的压力，这些隐形的成本决定了它们可能等不到风来，就已经折腾"死"了。

（三）行情不好可以不玩，还有主业可以养家

留得青山在，不怕没柴烧，散户最大的优势就是可以长期空仓。散户投资股票是副业，属于在已有生存条件下谋求横财。而机构是以此谋生的，赚股票的钱是他的主要营生。这就决定了，如果市场进入了下跌市场，机构别无选择，只能死命扛着。你可知道，证监会明文规定，股票型基金仓位不得低于90%，这意味着，即便股票天天跌停，这些个基金撑死了也得为国护盘。大熊市里，资金

成本又高，维护整个坐庄的成本高得吓人，好多的机构被慢慢耗死。散户就好多了，可以把股票压在箱底，或者干脆清仓，去专心做自己的本职工作，也不会影响自己的生活，有幸抓住机构庄家盯上的好股票，还能"搭便车"顺便捞一把。等到牛市启动了，再加仓，坐火箭。

第七节 长期视角和短期视角

一、长期视角和短期视角

哈佛大学的爱德华·班菲尔德博士研究了近50年的经济流动性。他想知道为什么有些人和家庭能够从较低的社会经济阶层进入较高的社会经济阶层。他想知道为什么很多人能够在一生中从劳动阶级一跃成为富一代。他的研究结果总结在备受争议 *The Unheavenly City* 中。班菲尔德提出了一个简单结论："'时间视角'绝对是最重要的影响因素。"

特雷西写道："在经济最底层，时间视角往往只有几个小时或几分钟，例如无望的酒精或吸毒成瘾者，他们只考虑下一次饮酒或下一次吸毒。在经济最顶层，那些第二代或第三代富豪，他们的时间观点是多年、几十年，甚至几代人的未来。事实证明，成功人士面向未来，他们大部分时间都在思考未来。长远思考的行为可以使你更敏锐，并显著提高你的短期决策质量。"

那我们该如何做呢？特雷西对此的建议是："从今天开始开发长期视角，时刻面向未来，并在大多数时候考虑未来。考虑你的决策和行动的后果。什么可能会发生？接下来会发生什么？然后呢？时刻保持自律和自我掌控。宁愿今天付出代价，来换取美好未来。"

投资，是一场持久战，不必急于一时。当我们真正将投资的眼光放长远时，投资反而会轻松、容易一些。在投资中，现金就是我们的粮草，我们长期做投资的话，根本不缺投资机会，关键在于，当投资机会到来时，能有足够的现金把机会接住。这和战争中的

"以逸待劳"，是一个道理。

二、巴菲特的投资思想

巴菲特投资理念显然是随投资阅历而不断变化完善的，不同年龄时期他在股票买卖上的处置方法有很多变化，例如在美国证券交易会质询巴菲特高价收购韦斯特公司股票后，巴菲特对投资公司复杂的交叉持股进行了整理。但如果从根本上讨论巴菲特的投资思想，大致分为四个阶段：

第一，盲目买卖阶段。主要指巴菲特在结识格雷厄姆的投资理论之前的股票买卖，如11岁购买城市设施优先股。这一阶段的股票买卖甚至不能称为投资。

第二，格雷厄姆理论投资阶段。这一阶段巴菲特全盘接受了格雷厄姆的投资理念，主要以价值评估和安全边际指导投资，其核心是评估股票价值，购买在市场上以折半价格出售的资产。股票价值评估主要以现金流折现价值与资产处置价值来评估，折半价格购买体现了安全边际概念。核心理念在具体实施时还具体落实为企业管理思维指导投资、分散投资防范风险、界定能力圈相对集中投资等措施。这一阶段的投资典型是伯克希尔哈撒韦纺织厂（长期投资失败典型）与GEICO公司。

第三，企业隐含价值投资阶段。在这一阶段巴菲特受到查理·芒格与费雪投资思想的影响，开始寻找企业隐含在资产负债表后的价值。与格雷厄姆的思想不同点在于：格雷厄姆只是简单地对冷冰冰的资产负债表进行分析，计算公司的价值；费雪的投资理念同时关注企业的经营管理者与具体业务，例如可口可乐的市场普及度、GEICO在政府保险行业的特许经营、报纸媒体业务的"过路费"等，这些企业出于不同的原因具有长期在某个行业内的经营优势，这种优势包括消费习惯及文化消费（可口可乐）、特许经营（GEICO）、地区垄断（布法罗新闻报）等，这种优势大部分体现为定价权。在企业管理不善业绩恶化而经营优势并未消失时正是巴菲特渴望已久的买入良机。

第四，长期控股投资。随着巴菲特的投资体量增大，以及对集中投资理念的坚守，巴菲特开始倾向于永久投资，大比例股权控股方式，同时投资标的范围受限于企业体量，投资额度也不可避免地减小。在这种投资方式下，巴菲特开始关注在数十年区间内企业具备的经营优势，也就是什么样的企业可以存活数十年甚至数百年，这一阶段的投资主要聚焦于"护城河"。这一阶段的投资典型是长期持有的可口可乐。这一阶段投资问题开始变多（所罗门），综合收益开始下降（从前期的30%降至20%）。投资表现下降可能受制于年老精力下降与社交事务的增加，同时可以发现此时巴菲特对社会关系的重视加强，表现为捐款增加、子女关系改善与对遗产的态度改变。

三、投资者和交易员的区别

温斯坦在《笑傲牛熊》中，提出了"投资者"和"交易员"的不同概念和分类，以及对应这两类市场参与者的不同买入和卖出策略。

投资者和交易员主要是从三个层面进行界定：一是持股周期。他将持股或交易周期划分为短期、中期和长期三类。短期是指1~6周的时间变动；中期是指6周至4个月的变动周期；长期是指4~12个月。交易员是指那些想抓住2~4个月股价大幅变动的人。并非指那些早上买入、下午卖出或当天买入、次日卖出的超短线交易者。

投资者则是指那些试图抓住4~12个月周期价格变动的人。但他指出，投资期限的上限为12个月。"当然这并不意味着你不能持有股票更长时间，但在3~4年或5年的时间跨度内谈论市场（或股票）没什么意义，因为这么长的时间里，有太多的变数和太多的周期会发挥作用。"

二是交易动机。从温斯坦的后面一系列的相关论述来看，交易者的交易动机主要是要捕捉价格运行的阶段性主升浪，即我们俗称的抓大波段；而投资者则是以抓住价格运行的整个第二阶段为目标。

三是交易特征。交易者天性好动，有更多的挑战和行动，他们喜欢生活在峭壁边缘，享受时刻准备在火线做决策的战斗战栗感和竞争紧张感。他们的买入、卖出规则更灵活、止损止盈设置的幅度更窄一些，对技术层面的把握要求更高；与交易相比，投资获利需要付出的时间更少，不需要一天到晚盯盘，需要的技术更低。大多数投资者天性更保守，不喜欢头寸动来动去，他们希望自己的生活放松而平静；他们的买入和卖出规则相对简单，一般追求买在第二阶段启动的早期或底部突破点，不会去随意追涨买入；对回撤的容忍空间更大，止损止盈的幅度放得更宽，试图捕捉整个第二阶段的涨势。所以他们的主要策略就是找到一个合适的初始买点后，坚守头寸，直至按规则触发止损或止盈退场为止。

温斯坦说，"我认为在交易和投资哪个更好的问题上，没有绝对的标准。我认识很多成功的交易员，同样也认识很多成功的投资者。我认为，对于大多数市场参与者，尤其是新手来说，用投资的方法获利更简单一些。"

"不要浪费时间去判断交易或者投资哪个才是更好的赚钱方法。没有最好的方法，如果运用得好，哪种方法都能成功。你应该认真考虑的是：你是哪种人，哪种方法更适合你。审视一下你的特点，然后争取成为你能做到的最好的投资者或交易员。""与自己进行一次坦诚的对话，如果你明显属于其中一类，那就站到那一队去吧"。

"有趣的是，有相当一部分人是处于中间地带的，哪种方法都能适应。如果你就是这类人，我建议你采用混合的方法。大多数时候采用投资者的方法，但当一些市场指标显示出强烈的卖出信号时可以进行一些交易。当你的股票飙涨并且严重超买，远离30周均线时，可以考虑挣些快钱。这种情况下，用1/3~1/2仓位去挣快钱，剩下的仓位用追踪止损方法操作。"

第八节　市场有效性及局限性

正确理解市场有效性及局限性

"市场先生对我们有用的是他口袋中的报价，而不是他的智慧，如果市场先生看起来不太正常你就可以忽视他或者利用他这个弱点。但是如果你完全被他控制了后果将不堪设想。"作为价值投资的大师，本杰明·格雷厄姆提出"市场先生"寓言建议投资人，要准确理解市场的有效性和局限性，将自己的情绪与股票市场隔离开来，保持理智的判断和认知。

20世纪初芝加哥学派金融学教授尤金·法玛提出了一种新的金融投资理念——有效市场假说。"有效市场"理论假设参与市场的投资者有足够的理性，并且能够迅速对所有市场信息做出合理反应。因此，市场价格代表了对资产内在价值的准确估计，任何参与者都不能连续识别市场的错误并从中套利。同时，资产是以相对于其他资产的"公平"、提供与其风险调整收益的价格来出售。市场会自动根据资产的风险水平设定价格，但它不会提供"免费的午餐"，即没有与新增风险无关的新增收益。

然而，诸如巴菲特、霍华德之类的投资大师对有效市场假说也提出了一定的质疑，其中最大的分歧在于该理论将受益于风险挂钩的方式。《投资最重要的事》认为，根据有效市场理论，人们有规避风险的本能，即人们普遍愿意承担更少的风险，而不是更多。想要他们进行风险性更高的投资，必须以更高的收益承诺来诱导。于是市场将调整投资价格，以保证承担更高风险的人在已知事实和群体共识的基础上，获得更高的收益。然而，"高风险等于高收益"这种思想在繁荣时期容易被人们所忽视，因为可以指望通过高风险来实现高收益的话，那些投资也就算不上是高风险了。

诚然，有效市场概念不应被立即抛弃。从原则上来讲，如果数千个有理性、有计算能力的人在同一时间共同努力、客观地收集有关资产的信息并做出估价，就会很容易得出资产的价格不会与内在价值偏差过大的结论。

市场在绝大多数时间是有效的，尤其是信息高度透明的现在，如果一家公司长期市盈率、市净率很低，很大概率是因为这家公司在经营上确实存在瑕疵，毕竟，这个市场上，聪明人非常的多，别人并不比你傻，切忌自作聪明。

因此，这就要求投资人能够准确地认识"市场先生"，理解市场的有效性及局限性。事实上投资者心理的形成，是一个从资金上到心理上都为市场出现不可避免的上下波动做好准备的过程。正确判断市场，要求投资者不仅从理智上明确认识到市场波动即将发生，且能够从感情上镇定自若，从容应对，就像一个企业家面对不具吸引力的报价一样：不予理睬，做出判断。

第九节　逆向投资

一、逆向投资的四个关键要素

逆向投资是获取长期收益的方法之一。著名的"逆向投资之父"戴维·德瑞曼曾经提出逆向投资的原则，他认为：股票市场经常在投资者感情的驱动下表现为价格脱离其内在价值的现象，继而出现亏损，因此投资者可以运用逆向投资，克服人性的弱点，追求长期投资回报。

所谓逆向投资，是运用价值投资判断来避免市场情绪影响的一种投资方法。逆向投资的投资者，能够避免因人性弱点产生的错误，寻找利润区，寻找那些因不为投资者关注而被低估的股票和回避那些由于被投资者追捧而价值高估的股票。最终，那些被低估的股票价值终究会被市场发现，而被高估的股票价格则会价值回归。

在《逆向投资策略——证券市场成功心理学》一书中，关于逆向投资方法，戴维·德瑞曼主要指出了四个关键要素：一是判断公司的未来价值，以合理的价格买入。与价值投资大师格雷厄姆看法相同，德瑞曼认为投资者太过重视那些当前具有良好发展前景的公司，而对于那些当前不看好的公司漠不关心。逆向投资应当充分利用这一现象，在自我纠错的过程中，运用简单的评估方法，在留有余地的基础上再挑选市盈率较低的股票。二是选择股息收益率保持较高并有增长可能的股票，同时考虑股息支付率以衡量公司的派息能力。股息收益率选股标准通常筛选掉了高成长的小公司，因为它们需要全部资金进行运营和扩张，而不可能有足够的现金来派息。三是企业渡过逆境的能力和规模。在实际的投资中，德瑞曼比较关注大中型的企业，市场对业绩反弹给出的未来收益折现值更高，且会计报表的可信度较高。同时，当大公司业绩反弹时往往能吸引公众的注意，其股价能以更快的速度上涨。四是认识到高成长性只是价值的一部分，分散投资组合。逆向投资方法并不是只建议投资者购买那些低市盈率和高分红的股票，而是使用这些标准来找出那些股价定位有误的股票，同时分散投资，降低投资风险。

"悲观情绪和经济衰退蕴藏着机会。"A股震荡给投资带来了更多的不确定性，对于投资者而言，如何择机买入卖出成为当前的困惑之一。当前市场企稳的迹象并不明显，然而在投资者信心不足的情况下，我们不妨听一听著名的投资大师约翰·邓普顿关于逆向价值投资的经验，或许能给迷茫中的您带来帮助。

约翰·邓普顿被誉为20世纪全球最伟大的选股人之一。早期约翰·邓普顿依靠1万美元的借款购买了104家公司的各100股股票，几年后其中100家公司的成功为他赚到了投资的第一桶金。1937年，他在美国大萧条时期成立了自己的投资公司——Templeton, Dobbrow & Vance。公司在资产规模增长过亿的同时，多年一直保持每年15%及以上的稳定收益。

经济萧条、市场低落时往往给投资者带来更大的心理压力，但在邓普顿的眼中，低迷的市场环境往往是一个非常好的投资机会。作为格雷厄姆最出色的弟子之一，邓普顿认为悲观情绪和经济衰退蕴藏着机会，灵活运用逆向投资方法，寻找价值投资品种，在大萧条的低点买进，长期持有，并在合适的高点卖出。

在《邓普顿教你逆向投资》一书中，关于逆向价值投资理论，他主要给出了三条建议：一是采用价值投资方法，购买价值而不是购买市场趋势或经济前景。邓普顿认为聪明的投资者不会仅凭外界的环境因素而简单操作，股市和经济走势并不必然一致，因此投资者应该研究公司本身的业绩和竞争力等因素，精选个股，而非盲目判断市场走势。二是低买高卖，把握时机。对于市场低迷，邓普顿表示真正的长期投资者不必等到经济周期或者行情反转时再行动，那样实际上已经失去大部分的上升空间。事实上没有投资者不知道低买高卖的道理，但是往往绝大多数人的结果都是高买低卖。三是遇到下跌，不必惊慌。大幅的震荡会影响投资者的情绪，但对于邓普顿而言，这种震荡似乎增加了他提高业绩的可能性，因为市场上的悲观情绪往往就是买入股票的良好信号。

"好的公司往往是最坏的投资。"成功投资不是偶然的，一定是建立在使用正确的投资方法和长久耐心的基础上。使用逆向投资的方法不一定能够让你一夜暴富，但是有助于长期财富的稳定增长。

二、长期投资的五项原则

"投资需要独立思考，要忽视周围的'噪声'，做出有利可图的长期投资决定。"作为晨星公司股票研究部的负责人，帕特·多尔西认为要想在权益投资市场获得成功，应当拥有一套坚定的投资哲学并予以长期坚持。

投资，意味着投资人希望在资本投入后的若干周期内，能够获取符合甚至超出预期的收益或资本升值。对于投资人而言，成功的投资需要解决三个基本问题，即投资什么样的标的？投资代价多少？投资周期为多久？

为了进一步解决上述投资命题，多尔西在《股市真规则》中提出了长期价值投资的五个核心原则：

第一，做好你的功课。这个原则与巴菲特提出的能力圈概念类似，即投资者应当尽其所能了解市场，了解上市公司的各项情况。

第二，寻找具有强大竞争优势的公司。"竞争优势有助于公司把竞争者挡在外面。如果你识别出一家公司能阻挡竞争者，并且能找出持续产生高于平均水平利润的原因，你就已鉴别出了公司竞争优势的源头。"正如多尔西所说，投资者应当具备识别竞争优势的知识与能力，并且了解行业状况，能够判断企业"护城河"的深浅和未来可预见的增长情况。

第三，拥有安全边际。安全边际，是指价格与价值相比被低估的程度或幅度，只有当价格被低估的时候才存在安全边际或安全边际为正。对于价值投资者而言，标的资产被低估，长期投资获利的机会也就相对增加。

第四，长期持有。多尔西认为，投资应该是一项长期的工作，频繁交易的费用经过相当一段时间之后，会大大拖累投资组合的表现。

第五，知道何时卖出。虽然巴菲特曾说过"理想的投资应该是永远持有"，但是现实中能够始终保持竞争优势的公司极少。因此，多尔西强调，长期持有并不意味着不考虑卖出的时机，反而是应当考虑持有时间的长短，避免买入估值过高的股票，并在适当的时机卖出。

第十节　价值投资与成长型投资

一、价值投资与成长型投资区别

价值投资追求的是当前低价。通常考察收益、现金流、股利及其企业价值等财务指标，并强调在此基础上低价买进。价值投资者首要目标是确定公司的当前价值，并在价值足够低时买进公司证券。

成长性投资介于枯燥乏味的价值投资和冲动刺激的动量投资之间。其目标是识别具有光明前景的企业，侧重于企业的潜力而不是企业的当前属性。价值投资者相信当前价值高于当前价格，而买进股票。成长型投资相信未来价值的迅速增长足以导致价格大幅上涨，从而买进股票。

两者的区别在于立足于当前价值还是未来价值。相比较而言更应该关注价值投资，因为预测未来比看清现在更困难。不过如果把时间拉长，回过头来看价值和成长，其实是一件事。所以要牢记：最好的价值是成长，持续的成长必然体现价值。

二、选择正确的投资策略

"想要获得超额收益，不完全取决于你花多长时间，更重要的是在于你是否用心并找对方法。"正如巴菲特所说，"选择正确的投资策略是获取超额收益的重要保障。"

经历了几轮资本市场的繁荣与萧条，巴菲特至今仍然保持着20%左右的年复合收益率，穿越牛市、熊市并取得骄人的投资业绩。优秀的投资业绩，不仅得益于他超常的投资天赋和学习能力，更源于他长期坚持正确、系统的投资策略，科学、理性地选择优秀的投资标的，并严控风险。那么，在制定投资策略过程中需要注重哪些因素呢？《巴菲特怎样选择成长股》一书为投资者阐释了制定投资策略的三要素。

首先，用低廉的价格买入优质资产。巴菲特认为：所谓优质资产是指那些股价长期低于其内在价值并具有高确定性增长潜力的资产。投资的目标是获取高回报，因此投资者在购买股票时应衡量其潜在的投资回报。投资者可以充分运用各种财务比率获得股票的价值，同时对比股票的价格，从而选择买入被低估的对象并坚定长期持有。

其次，保持资金的相对集中。巴菲特曾在公司内部年会上指出"过度多元化是无知的借口"，他认为过于分散的投资会使投资者精力分散，难以全力关注股票的盈利与亏损情况，以及公司的财务状况。因此，在投资中他建议投资者应该把投资范围锁定在自己最熟悉的投资领域，同时把更多精力分配到购买前对公司的研究中，以减少失误，扩大盈利。

最后，成本是影响投资收益的关键因素，成本越低，意味着有更大收益的可能。因此，投资者要时刻保持对成本的关注。在市场中，大多数交易者往往对交易本身投入较多精力而忽略了频繁交易中成本正在不断被推高。比如交易费用和税收对收益的吞噬。投资者应保持对成本的持续关注，善用时间带来复利价值。

第十一节　自下而上精选优质标的

自下而上精选优质标的

"价值投资是自下而上的策略。"作为价值投资的实践者，塞斯·卡拉曼认为，价值投资者依靠个股进行筛选优良的投资标的，注重价值与价格之间的内在关系，方能长期制胜。

所谓自下而上的选股策略，是指投资者依靠个股筛选的投资策略。投资者针对一个独立的投资机会进行基本面分析，关注目标公司的发展和治理，寻找便宜的价格，然后根据实际情况分析标的的内在价值和基本面。采取这种策略，不需要对短期市场进行预测，只需要选对标的，以便宜的价格买入并耐心等待，遵守投资纪律。

与之相反，自上而下的策略则是通过对宏观经济和行业公司前景的判断，分析市场反应，以此决定未来的投资方向和相关品种。这种选股方式，对判断信息的准确度要求非常高，然而可预知的事件毕竟是少数，因此其中往往隐藏着较大的投资风险。

塞斯·卡拉曼在《安全边际》中，曾重点强调了运用价值投资方法，自下而上选股的几个方面：第一，正确判断企业的内在价值，强调安全边际的重要性。实际上我们无法对企业给出精确的评估，价值只是一个范围，而不是具体的价值。价值投资者评估安全边际，是建立在保守预期基础上的，随着市场的成熟，这一边际也在因个体认知的不同而有所变化。第二，价值投资是自下而上的策略。相比于自上而下的择股，自下而上的选股策略更加注重深入彻底的研究公司基本面，合理估值并择机买入，克服一定的从众心理，追求长期的投资机会，从而避免了一定的风险，为投资留出较大的安全边际。第三，科学评估企业。卡拉曼提出了三种价值投资评估企业价值的方式，净现值NPV法、清算价值法和股市价值法。然而，预测企业未来现金流或盈利增长是一件危险的事情，容易陷入盲区，因此这位投资大师也更倾向建议投资人保持保守立场，以大幅低于根据保守预测做出的价值评估的价格购买证券。

纵使A股市场多年来风云变幻，但多年来东方红资产管理始终倡导价值投资，坚持自下而上的选股策略，精选"幸运的行业+能干的管理层+合理的估值"兼具的公司，把握安全边际，以便宜的价格买入并长期持有，分享公司成长带来的长期收益，努力为投资者赚取长期稳定的投资回报。

第十二节 构建合理的投资组合

一、构建合理的投资组合

"不论是在投资收益很好还是很坏的时候，你都应该始终坚持一种正确的投资策略，只有这样才能使长期投资回报最大化。"正如彼得·林奇所说，要想在长期投资中业绩最大化风险最小化，就需要坚持正确的投资方法，配置合理的投资组合。

对于大多数投资者而言，构建良好的投资组合是分散投资风险取得长期收益的重要方式之一。对于如何配置投资组合，彼得·林奇在《彼得·林奇的成功投资》一书中送给投资者以下三点建议：

第一，投资组合多元化。投资的关键并非确定一个持股的合理数量，而是逐一调查研究确定每一只股票的质量。如果股票质量差，无论怎样投资组合都是枉然。尽管彼得·林奇强调集中投资的重要性，但他认为把所有的资金都投资在一只股票上是非常不安全的选择，毕竟没有人能保证这家公司不会遭受事先无法预料到的打击。林奇建议一个小的投资组合持有3~10只股票比较合理。这样的投资组合相比单一投资，发现大牛股的可能性更大，同时在不同股票之间调整资金配置的弹性也大。

第二，把资金分散投资于几种不同类型的股票。林奇将公司分为六种类型，分别是缓慢增长型公司、稳定增长型公司、隐蔽增长型公司、周期型公司、快速增长型公司、困境反转型公司，它们的风险与回报各不相同。不存在一种方法能够量化分析投资风险与回报具体是多少，所以投资组合中要加入稳定增长型公司的股票，以此来平衡其他高风险公司股票的巨大投资风险。此外，投资组合的设计也要随着投资者年龄和经验的增长而改变，年轻的时候可以用更多的资金配置风险略高收益较大的投资标的，但年龄大的时候，需要配置稳健的投资标的以获得相对稳定的投资收入。

第三，定期检查投资组合。稳健的投资组合需要定期进行检查和思考，林奇建议投资者每六个月进行一次考察。根据股票价格相对于公司基本面的变化情况来决定买入和卖出，以调整投资组合中不同股票的资金分配情况。林奇认为，股价下跌正是追加买入质优价廉好股票的时机，应该从那些未来具有很大上涨空间可能但目前股价表现最差或远远落后的股票中进一步追加买入。

二、真正的投资行为必须具备真正的安全保障

（一）分散投资的理论

安全保障的概念和分散投资的原则两者之间存在紧密的逻辑关联。即使投资者挟有有利的保障，单一证券仍可能发生差劲的结果。因为安全保障只保证其获利的机会高于亏损的机会——但不保证亏损不会发生。但是，这类投资的数量增加时，则总获利高于总亏损的机会便更明确。保险业便是基于这项原理。

分散投资是保守投资理论的基本纲领。投资者普遍接受它时，它实际上便表示接受了安全保障原则，而分散投资只是伴随物而已。我们能够以轮盘的概率精彩地说明这个论点。如果某人将1美元下注在单一的号码，获胜时，他可以赢得35美元——但他获胜的概率为1/37。他拥有"负的安全保障"。在此情况下，分散下注是愚蠢的行为。下注的号码越多，获胜的概率越小。如果他固定用1美元下注在每一个号码（包括0与00），则他每次必定损失2美元。但是，假定获胜的奖金是39美元，而非35美元，则他将享有些许而重要的安全保障。在这种情况下，下注的号码越多，获胜的概率便越大。如果他以1美元下注在每一个号码，则他每次必定赢2美元（顺便提及一点，上述两例分别代表玩家与庄家的立场，庄家拥有0与00的优势）。

（二）投资与投机的区分标准

由于投资并没有公认的定义，因此有关人士可以任意地界定其意义。许多人并不认为投资与投机的概念之间存在任何有效或明确的差异。我们认为，这是没有必要而且有害的怀疑态度。因为它会

鼓励人屈从内在的天性，追求股票市场投机的刺激与风险。我们主张，安全保障的概念可以善用以作为判别投资与投机的标准。

大多数投机客或许相信其行为有相当的胜算，因此认为他们享有安全保障。每一位投机客都认为他会在有利的时机进场买进，或是他的技巧优于一般群众，或是他的投资顾问或交易系统值得信赖。事实上，他们只是依赖主观的判断，而没有任何有利的证据或合理的推理支持。某人将资金下注在他对行情涨跌的观点，我们非常怀疑这种行为能够受惠于任何形式的安全保障。

相比之下，投资人对安全保障的概念基于简单而明确的数学推理，且该保障来自统计数据者。我们也相信，它有实际投资经验的支持。我们不能保证这种基本面的数量方法会在未来不明朗的条件下，持续展现良好的绩效。同样地，我们也没有有效的理由对此而显得悲观。

总之，我们认为，真正的投资行为必须具备真正的安全保障。真正的安全保障是可以用明确的数据与令人折服的推理来表现的，并且可以用实际的经验作为佐证。

三、定量为主的分析方法依然具有现实意义

格雷厄姆在《证券分析》一书中对于"定量与定性"的关系的阐述是满满的辩证法：定量是证券分析的必要条件，而定性是证券分析的充分条件。他虽然强调了定量分析的基础作用，但对于定性分析还是蛮重视的。比如他说：即便一只证券的统计表现令人满意，倘若投资者对其未来前景不确定或对管理层不信任，依然会将其拒之门外。相反，如果能用非常有利的定性因素支撑充分的定量分析，分析师将对所选的证券更具信心。

然而我注意到，在《聪明的投资者》一书中，格雷厄姆对于定性分析采取了非常"不友好"的态度。比如，他说：就我们自身的态度和本职工作而言，我们始终致力于定量分析法。从一开始，我们就要确保我们的投资能够以具体的可靠的形式获得丰厚的价值。我们不愿意以未来的前景和承诺，来补偿眼下价值的不足。而且，他直接否定了当时市场权威和大多数人的观点，即"未来前景、管

理层、无形资产、人力因素要比对以往记录、资产负债表和其他枯燥无味的数据进行研究的结论重要得多"的观点。

为什么在这两本书中格雷厄姆对于定性分析的态度如此不同？笔者认为大概有两个原因：

其一，《证券分析》一书主要是写给专业投资者看的，格雷厄姆相信：专业投资者通过详尽的调查和分析可以在定性分析中有所作为。而《聪明的投资者》是写给业余投资者看的，他怀疑业余投资者是否有能力通过对行业企业前景、管理层的水平等定性分析做出可靠的、客观的结论。而且他认为，业余投资者通常为建立在定性分析基础之上的成长股投资支付了过高的价格。

其二，从20世纪30年代到70年代，尤其是"二战"以后，美国经济的复苏和繁荣，催生了一大批成长型企业，格雷厄姆目睹了这些企业的成长，但同时也看到了成长泡沫破裂带给投资者的巨大的财富损失。

那么，来到A股市场，格雷厄姆对于定量分析和定性分析的态度还是极具现实意义的。我们国家近40年的发展与美国"二战"后的繁荣极其相似，表现在股市上就是：成长投资大行其道。然而，任何一种类型的投资，如果不是建立在冷静客观的定量分析基础之上，而是建立在肆意想象的定性分析基础之上的话，那么，对于大多数人的结果将是灾难性的。虽然中国的巴菲特们设计出了"先定性、后定量"的证券分析方法，但从实际情况来看，他们已经完全放弃了定量的分析方法，或者说，他们只是把定量分析当成了一个可有可无的摆设，不然怎么会有"某某股票越涨越便宜"这种奇谈怪论？

我昨天看到一篇某姓大V的文章《长春高新，一只被低估的大牛股——涨幅惊人，不输茅台》。我很纳闷，48倍的市盈率，7倍的市净率，0.4%的股息率也叫低估？那多少才叫高估？所以，从保证本金安全的角度看，我还是赞成"定量为主、定性为辅"的分析方法，自下而上，先依据市盈率、市净率、股息率等指标寻找便宜货，然后再进行质的方面的考评。

四、查理·芒格的投资理念

沃伦·巴菲特和查理·芒格是有史以来最伟大的投资二人组，相比巴菲特，查理·芒格非常低调，然而查理·芒格独有的格栅模型理论越来越被投资界认可。读查理·芒格的书真正乐趣并不在于能明白如何长时间地让金钱复利增长，更重要的在于，我们能够更加深刻地理解人类的本性、世界的现状、如何理性思考，以及最重要的如何更好地过上一种平衡的生活。

买入喜诗糖果是查理·芒格对巴菲特投资理念的重要修正。巴菲特的老师格雷厄姆曾经教导巴菲特，最好的赚钱办法是投资"廉价股"。巴菲特也一直遵从老师的教诲，但是，查理·芒格认为，比起以大幅折价买进陷入困境、需要耗费时间精力，甚至还可能需要更多援助资金的公司来说，多花些钱买进一家好公司更加轻松愉快。

判定伟大公司的标准又是什么呢？查理·芒格总结了三条：①有竞争壁垒，别人无法效仿。就像喜诗糖果在加州居民心中的地位，别的企业可以模仿喜诗糖果的口味，甚至店面装潢，但永远模仿不了它的内在价值和情怀。②行业先行者，查理·芒格形象地比喻这些企业是在浪尖长时间冲浪的人。比如2008年买入比亚迪。③睡梦中的巨人：一些优质的企业，在发展过程中遇到困难，导致股价下跌，只要你能断定它的未来发展前景，最终判断正确获得丰厚回报。比如1973年低价买入华盛顿邮报。

除此之外，查理·芒格还有几条非常重要的投资心得：第一，要集中不要分散。"如果你把我们主要投入的10家公司去除掉，你会发现我们的表现很平庸。"第二，只投资熟悉的公司："我们成功的诀窍是去做一些简单的事情，而不是解决难题"。第三，尽量避免做空：做空行为是很危险的。做空不是长期投资，只能做短线。第四，好时机下重注，其他时间按兵不动。就像猎人打猎一样。

查理·芒格的智慧核心：多元思维模型

"在你的头脑中有很多投资模型，你应该把直接或者间接获得的经验，分类安置在这个格栅模型中，从而能让你的投资变得高效且聪明起来。"正如查理·芒格所说，"通过整合不同投资模型和经验建立起的思维格栅模型，是获取超额投资回报的有力途径。"

所谓格栅模型，是指在深入学习和理解各学科知识、各类思维以及不同经验的基础上，找到交叉的部分，然后把它们有效整合且能够实际运用的多元化思维模型。就投资而言，格栅模型的强大之处在于它不仅为精选个股提供了多维度科学研究标准，而且能够帮助投资者更加全面深刻地理解市场，从而做出更理性的投资行为。

在查理·芒格眼里，所谓投资这种游戏就是比别人更好地对未来做出预测。你怎样才能够比别人做出更好的预测呢？查理·芒格认为，这就要求投资人善于学习，拓展知识面，而且这个学习的过程是渐进的。首先，要从许多不同的知识领域获取有价值的概念，或者说模型；其次是学习如何识别其中类似的模式。前者是学习模型本身，后者是学会从不同角度思考问题。所有的知识和经验都不是独立存在的，而是相互关联的。建立格栅模型的目的就是利用这种知识体系之间的关联智慧，让投资者从中受益，多元地看待投资问题。

查理·芒格喜欢把人们的观念和方法比为"工具"。如果有了更好的工具（观念或方法），那还有什么比用它来取代你较为没用的旧工具更好的呢？我常常这么做，但大多数人会永远不舍得他们那些较为没用的旧工具。在所有行业、所有学科和大部分日常生活中，这种做法会让问题变得一团糟。铁锤人综合征能够把人变成彻底的白痴，而治疗它的唯一良方是拥有全套工具。你们不能只拥有一把铁锤，你们必须拥有所有的工具。查理·芒格的所有工具是指将历史学、心理学、生理学、数学、工程学、生物学、物理学、化学、统计学、经济学等，而具体到《穷查理宝典》中，查理·芒格极为推崇的就是如下几个：复利原理、排列组合原理、费马帕斯卡系统、决策树理论、会计学、复式簿记、质量控制理论、后备系统、断裂点理论、理解质量概念、误判心理学、微观经济学、规模优势理论查理·芒格在进行投资评估时候采用的"重要学科的重要理论"方法在商业世界独一无二，属于自主研发原创，原因是他实在找不到现成的方法来解决投资问题，他只有花费大量的心力自创了这个"多元思维模型"。

查理·芒格所说的多元思维模型看似复杂，但也可以简单地说就是将各学科的常识——非常基础的知识综合在一起来分析问题。当然，查理·芒格定义的常识可能会比我们眼中的常识会高好几个档次，但知识这种东西，怎么多也不为过。

谈及个人投资者如何建立格栅模型，罗伯特·哈格斯特朗在《查理·芒格的智慧》一书中总结了建立格栅模型的三个原则：

首先，要深入了解投资的基本原理，并主动建立原理和经验之间的关联。想要建立多元化的投资思维模型，就需要了解不同学科、不同知识体系中的基本概念、基本原理，了然于胸且能够举一反三，结合投资实践不断总结和分析以此更新和拓展投资模型。查理·芒格强调，所有的知识和经验都不是独立存在的，而是相互关联的。建立格栅模型就是利用这种知识体系之间的关联智慧，让投资者更加深入、多元地看待投资问题。

其次，避开"锤子倾向"。"对于一个拿锤子的人来说，他眼中的问题都像钉子"。查理·芒格认为，有"锤子倾向"的人往往戴着有色眼镜看待客观事物，思想片面且过于偏激，容易扭曲事实，做出错误的判断。建立格栅模型，要求投资者能够在做决策之前，随时检索现有投资格栅模型中的所有模型，如果投资决策符合逻辑规律和已有模型，那么投资决策的成功概率会大大增加。

最后，拓展投资思维，用全面的眼光看问题，善用逆向思考。良好的格栅模型要求投资者能够充分利用格栅模型由表及里分析问题。而所谓逆向思维，在一定程度上是指投资者在面对市场起伏和个股选择中，能够保持与市场普遍观点不一样的逆向思考。即在投资的零和世界中参与竞争之前，必须先问问自己是否具有处于领先地位的充分理由，是否拥有比群体共识更加深入的思考，是什么理由让自己具备这种能力。这是对事物本质的探讨，成功的投资是简单的对立面。

五、读《约翰涅夫的成功投资》有感

"逆向"是世人给约翰涅夫的标签，是对其投资方法的简单概括。方法只是技术层面的东西，应该是完全可以复制和模仿的，但结果证明成功者并不多。他的投资原则异常简单，利用市场的偏见，在价格远低于价值的时候买入并长期持有那些有价值的股票，忽略市场的波动。这些原则的具体描述都写在书里，但实际操作起来困难重重。一个简单的理由是很难判断市场出错的程度和期限。一个价值20元的股票，10元是看起来极其诱人的买入价。但在买入后这只股票很可能继续下跌至5元、3元，并且在这个位置徘徊数年，在漫长的投资生涯中，这并非小概率事件。而此时，你面临的可能是赎回、失业。即便抛开这些外部压力，从自身的有限理性出发，恐怕也很难再坚信这些原则。而这个时候仍能坚持下来大概是信仰在起作用，即对投资原则宗教般的虔诚。在涅夫的书中，"花旗的投资传奇" 被放在序幕的位置，整个投资过程历时8年，股价从买入的33美元跌至8美元，其间经历油价大跌、拉美危机、破产风波，最后浴火重生。纵综观涅夫的整个投资生涯，花旗绝不是最成功的投资案例，甚至会被贴上"没有风控""死不认错"等标签。但涅夫将它放在全书的序幕，我想实质就是在宣示其信仰，从结果看，这种力量是强大的。

任何一种投资原则，无论看上去多么完美，面对市场的不确定性，只有真正"相信"才有力量。而这种"相信"往往与其性格、成长经历、价值观以及长时间的磨砺息息相关。拥有这种信仰对于大部分人来说，是小概率的事情，而对于涅夫却是大概率的事情。

六、巴菲特"滚雪球"启示录

多年以来，人们都在探寻"股神"巴菲特的财富传奇，期望能够找到"造神"秘诀。巴菲特曾这样总结自己的成功秘诀："人生就像滚雪球，重要的是发现很湿的雪和很长的坡。"把小雪球放在长长的雪坡上，获得起始的优势，越滚越大，优势越来越明显。巴菲特用"滚雪球"比喻这样一种策略：通过复利的长期作用实现巨大财富的积累。

《滚雪球——巴菲特和他的财富人生》是目前巴菲特唯一一本授权传记，作者艾丽斯·施罗德曾任摩根士丹利董事总经理。巴菲特"滚雪球"的过程，至少给了我们这样几点启示：风雨过后有彩虹。2008年，华尔街凄风惨雨，全球股市风声鹤唳。就在这个时候，手持443亿美元现金的巴菲特出手了，收购高盛，先后投资上百亿美元。巴菲特入场后并不是市场底部，他的投资买入后就亏损，成为"套牢一族"，也就是说巴菲特出手的时机未必是最佳。但他之后的收益十分丰厚，让我们对金融风暴有了一个很好的视角，那就是如果往远处看，一定会有暴风雨过后的彩虹在等着我们。

手中有粮心中不慌。大笔买进、重拳出击。从市场规律看，在美国近代史上，历次系统性熊市的跌幅都没超过50%。我们无法断定真正的市场底在何方，但可以肯定的是，跌幅在50%左右的调整，其实距离市场底已经很近了。这个时候就需要有足够的现金来应对之后的机会。

寻找自己的"长坡"。巴菲特重要的一战是在中石油H股上获利10倍。他在2002~2003年购买了总价4.88亿美元的中石油H股，5年后出手时已达40亿美元，5年的"长坡"，"雪球"增长了10倍。5年对"股神"来说不算长久，对他而言，一般会考虑更长久的投资周期，10年也不在话下。巴菲特终其一生都在寻找正确的投资方法，并且坚持下去。他从未使用复杂的财务杠杆，没有绞尽脑汁地去投机，更不曾去冒无谓的风险，而是单纯地依靠最为传统的长线投资获得成功。

七、掌握投资的第二层思维

"投资更像是一门艺术，艺术的修行需要逆向思维。"正如霍华德·马克斯所说，投资的零和世界中，优秀的投资者总是在实践中不断逆向思考，根据自身的积累和学习达成非共识性预测，并且坚定地执行，成为长期投资的胜者。在纷扰的市场环境中，如何在共识的投资思维中破镜而出形成独到的投资判断，已经成为越来越多成熟投资者思考的问题。

"第二层思维",在一定程度上是指投资者在面对市场起伏和个股选择中,能够保持与市场普遍观点不一样的逆向思考。即在投资的零和世界中参与竞争之前,必须先问问自己是否具有处于领先地位的充分理由,是否拥有比群体共识更加深入的思考,是什么理由让自己具备这种能力。相对而言,第一层思维是投资者对于市场或者上市公司最表层、最简单的反应,寻找的是简单的准则和答案。第二层思维是对事物本质的探讨,成功的投资是简单的对立面。

"直觉的、适应性的投资方法比固定的、机械化的投资方法更重要。"对于如何才能掌握投资的第二层思维呢,约翰·邓普顿给出了三条建议:第一,坚持价值投资,重视价值本身,不轻易预测市场;第二,保持理智的判断,把握时机,用合理的价格低买高卖;第三,遇到下跌时,不被悲观情绪左右判断。事实上,能够做到深刻思考投资行为的投资者为数甚少,大多人可能还没有意识到"第二层思维"对个人投资行为的重要意义。除了以上三条建议之外,投资者在评估新的投资目标时还需要时时自问几个问题:未来可能出现怎样的结果,会在什么范围内?市场的共识是什么,而我的观点判断又是什么,差异在何处?资产的当前价格与市场对未来价格普遍的看法,和我的看法之间切合程度有多大?若这两种看法存在差异,未来任何一方正确,资产价格将会发生怎样的变化?

"你必须要有耐心,给自己足够的时间——你要的不是短期暴利,而是长期稳定的收益。"霍华德·马克斯在《投资最重要的事》中表示,世界上没有程式化的投资法则,优秀的投资者想要取得超过一般投资者的成绩,必须有比群体共识更加深入的思考,明确投资目标,克服心理因素,深刻理解市场规律的同时,不断提升市场洞察力、直觉、价值观念和心理意识,提升逆向思维,精选个股的能力。

价值投资,为投资者提供了克服人性弱点,培养"第二层思维"的可能性。价值投资的基础是投资标的的内在价值,而对标的内在价值的理性判断和准确评估又是投资者"第二层思维"的体现。尽管市场波动难以预测,东方红资产管理投资经理李竞建议投资者，放长眼光，尊重市场的有效性，全方位地评估公司的内在价值，在优秀的行业内寻找能干的公司，以合理的价格买入，并在公司成长的过程中赚取长期投资回报。

八、"犹太人式"思维

（一）最大的财富是智慧：由犹太人卖铜的故事说起

据说多年以前，有对父子被关进集中营，当时犹太人所有家当都被纳粹没收了。爸爸对儿子说："现在我们唯一的财富就是我们的脑袋，记住当别人说一加一等于二时，你就应该想到让它大于二的方法。"数百万犹太人死于集中营，父子俩凭意志力活下来。后来他们来到美国白手起家，在休斯敦做铜器生意。有天爸爸问儿子："你知道一磅铜价格多少钱吗？"

儿子回答道："三十五分钱。"爸爸说："这不是我要的答案，整个得州的人都知道每磅铜价格是三十五分钱，你身为犹太人的儿子，应该说一磅铜是三块五美元，试着把一磅铜做成门把看看。"

多年过去了，父亲去世后儿子一样经营铜器生意，他不只把铜做成门把，也做成瑞士钟表上的簧片和奥运奖牌，一磅铜被他卖到3500美元。这时候他已是一家铜器公司董事长了。

他始终奉行父亲的教诲，真正使他点石成金的，是纽约的一堆垃圾，1974年美国政府为清理自由女神像翻新所造成的废料进行招标。因为纽约垃圾处理环保规定非常严格，弄不好就会被起诉倾家荡产，好几个月过去了没人投标。他听说此事之后立即飞往纽约，看着自由女神下堆积如山的铜块、螺丝和木料后，当场与州政府签订了处理废弃物的合约。

许多同行公司等着看他笑话，都认为承包这个生意吃力不讨好，不过犹太人立即着手去组织进行废料分类。把废铜料熔化铸成小自由女神像，把水泥块和木头加工成底座，把废铅废铝做成纽约广场的钥匙。最精彩的是他一丁点儿也不浪费，甚至把从自由女神身上扫下的灰包装起来出售给花店，称之为"自由之尘"，几个月时间他让这堆废料变成了超过350美元。聪明有智慧的人可以点石成金变废为宝，这个就是智慧的力量了。

（二）运用自己的智慧去盈利

犹太人认为盈利是一件天经地义最自然不过的事，如果能盈利到的钱不赚，那简直就是对钱犯罪，要遭上帝惩罚的。

犹太商人盈利强调以智去取胜运用自己的智慧去盈利，因为智慧是能赚到钱的智慧，也就是说能够带来盈利方为真智慧。在犹太人的挣钱艺术中，有一条广为人知的法则，就是把机会变成财富，即使一美元也要赚。犹太人惯于采取避实就虚、化整为零、积少成多的战略，最后战胜强大的对手。同时他们有极强的判断能力，如果他们认为自己合作伙伴在某方面有利于自己，能为自己带来盈利与财富，那么他们就会有坚定的耐心等待对方转变心情或者等待适合的时机的到来。

每次投资都是初交都要认真对待。在市场竞争中犹太人的一切投钱决策思维，都是看准之后就把钱撒出去，因"利"而驱使的。在相互争利的投资市场使投资者真正盈利的关键就在于正确的决策，这就要求投资者具备相应的素质。

虽然投资这门学问有点晦涩艰深，可是不断有人是在这片投资市场的大海里折戟沉沙，可依旧有很多人向往找到武林秘籍，赢取财富人生，实现自己的人身自由。

（三）犹太人经商思维

致富靠的是赚钱而不是攒钱。在普通人眼里财富都是自己省下来积攒起来的，如果没有积攒财富往往就无法让自己走向致富的道路。而在犹太人看来积攒的财富也有花完的一天，只有不断去赚钱自己才能一直富有下去。于是，犹太人一有闲置的资金时，都会想办法让这些钱在市场中流动，如投资，从而让自己的财富起到钱生钱的效果，这样才能有花不完的钱财。

当然投资是存在一定的风险，这点谁都知道，所以他们不会盲目去投资，在投资前他们都会事先做好调查，确定能给自己带来盈利后他们才会选择投资。要明白赚钱靠的是脑力不是体力，在犹太人看来虽说打工赚钱能让自己生存下去，但不是致富的长久之计。想要让自己过上舒适富有的生活的话，埋头苦干或盲目工作是永远行不通的，只有善于思考利用自己的智慧去想办法才能挣钱。这样才能够把时间和精力都放在"刀刃"上，让自己走向致富的道路，当然并不是说犹太人缺乏苦干精神，而是他们认为赚钱是靠脑力而不是体力。一味地斤斤计较只会得不偿失，犹太人经商做生意一般都具有长远发展的目光，并不会因为一时的计较让自己丢失盈利机会。

在他们看来，与其将时间和精力浪费在与他人的计较上还不如让自己吃点亏，然后将宝贵的时间利用起来，给自己创造更大的财富。长此以往也就练就了敏锐的目光，能够精准抓住市场中的任何机会，做到放长线钓大鱼并没有将时间浪费在和他人的计较当中。

第十三节　发现价格与内在价值的秘密

一、发现价格与内在价值的秘密

如果股票价格在公司的价值附近波动，价值投资就是有效的。著名的投资大师格雷厄姆将市场比作"市场先生"，认为当价格围绕价值波动时候，正是因为市场行为会对股票定价产生作用，所以投资者能够以低于公司价值的价格买入股票，或高于价值的溢价卖出股票。

事实上，在价值投资者眼中，市场行为也是人们心理行为的集合，这些行为本身在特定的时间阶段可能会受到乐观或者悲观情绪的左右。因此，要把握价格与内在价值的关系，就要认识到那些因素可能会对价格与价值产生影响。

格雷厄姆在《聪明的投资者》和《证券投资》中指出，影响投资行为的因素主要包括五个方面：其一是市场因素。格雷厄姆将会影响股票价格的因素归为两类：投机与投资。投机因素是造成市场混乱的原因之一，包括技术性、操纵性以及心理性的市场交易。投资因素包括估值，主要是对财务数据的评估，包含利润和资产的基本面分析。其二是企业的内在价值。格雷厄姆认为价值投资者尽量避免将市盈率作为传统股指分析的补充手段，估算企业价值来说最有效的信息来源是利润表和资产负债表。其三是对非理性价格的理性思考。抑郁的投资者会导致抑郁的股市价格。对那些极端厌恶风险的投资者，纯粹价值投资是最合适的手段。其四是关于卖出的焦虑。价值投资者不会仅仅因为股价下跌就卖出股票，而是要看到企业内在价值发生了变化的确凿证据，然后才会考虑是否改变已有的持有—卖出策略。其五是控股的价值。市场上对各只股票给出的价格是基于所交易的股票只占全部股权的少数的假设。因此，一些价值投资者将收购前景作为实现投资价值的催化剂，但对非专业投资者来说，要在收购时间上成功押注甚至比养成更一般化的、以安全边际价格寻求拥有特许权价值的企业的投资习惯更加艰难。

此外，格雷厄姆也提醒投资者在把握价格与内在价值联系的同时，需要考虑市场大环境的整体影响，即当经济衰退和市场不振时，选取股票的失误会增加。因为在经济下行时，更多公司的定价可能会低于价值，愿意出手买入股票的投资者可能更少，同时由于媒体和监管机构的压力，公司的管理层会更加谨慎并采用更保守的会计手段。

二、投资也需适当做"减法"

"在建立我的价值投资清单时，我最好的朋友就是适当做减法，这让我避免了很多不必要的损失。"克里斯托弗·布朗在谈及筛选投资标的时这样说道，他认为在投资过程中，及时剔除表现不佳的投资标的，做好投资的"减法"至关重要。

要实现长期财富积累的目标，投资者不仅应该研究企业的内在价值，发掘那些内在价值高、估值便宜且具有持续增长能力的优质企业，还应当及时剔除没有持续增长可能的"伪"廉价股票。

布朗在《投资的头号法则》一书中为投资者提供了需要及时做好投资"减法"的五类标的：

第一，债务过多。对于企业而言，举借大量债务以致收益难以抵消利息是非常危险的。拥有充足现金的企业可以在危险来临时拥有缓冲的余地，帮助企业渡过难关，同时也可以保证股东的收益。

一般情况下企业的资产是负债的两倍，这个标准有助于投资者避开因负债累累而无法经营的公司。

第二，劳资关系不佳。劳资关系是否和谐以及公司未来养老负担的大小将会影响公司的发展。良好的企业薪酬体系和劳资关系，有助于巩固企业的人事稳定和公司的健康发展。

第三，过度激烈的行业竞争。行业利润的增加会吸引更多竞争者加入，加剧行业竞争，或带来一系列价格战等负面竞争格局，最终导致企业净利润下降，估值下跌。而相对于技术含量低、增长过快的企业，那些具有天然技术壁垒、鲜有人关注但与日常生活密不可分的缓慢增长行业更加值得关注。

第四，技术革新带来的产品过快更新换代。过快地更新迭代需要企业在技术上和资源上投入更多的人力和资金等，才能生产出最新产品，这就对企业的核心竞争力提出了更高的要求。而"过时"会成为股价下跌的潜在因素，技术上容易落伍的公司将会被技术革新带来的产业更新换代而逐渐淘汰。

第五，财务数据存在舞弊现象。导致个股下跌最危险的因素是公司的欺诈行为或者会计舞弊。布朗提醒投资者应该认真研究公司的财务报告，在数据中挖掘企业发展的真实情况，避开具有会计数据不真实或有造假嫌疑的公司。

概言之，投资者应当在筛选投资标的时谨慎避免以上五种情况，理性投资。做好投资中的"减法"，要求投资者不仅能够坚持正确的投资方法、科学理性地选择优秀的投资标的，也能够严控风险，不盲目跟从，及时避免损失。

三、应对不可知的未来

"投资只关乎一件事：应对未来。"作为著名的投资大师，霍华德·马克斯的投资业绩接近于巴菲特，投资理念也与巴菲特不谋而合——那便是强调价值投资，追求长期的业绩回报。作为投资界大佬，在马克斯充满传奇色彩的40年投资生涯中，风险控制始终被置于首位。他在《投资最重要的事：思考型投资者的非常识》中表示，杰出投资者之所以杰出，是因为他们拥有与创造收益能力同样杰出的风险控制能力。

虽然大多数人将风险与波动性画等号，但在马克斯眼中："人们拒绝投资的主要原因是他们担心亏本或收益过低，而不是波动性。"这意味着，风险首先是指损失的可能性。

落实到具体的投资行为中，不少投资者都会碰到一个本质性问题：投资要求我们决定如何就未来的发展配置一个投资组合，但未来是不可知的。不可获知的未来，在一定程度上决定了投资收益的不确定性和未来时间的无法预测性。因而，这一切也决定了风险无法精确量化。

然而，无法量化的风险是否一定意味着损失呢？其实不然。虽然投资风险给整个投资过程带来了不确定性，但这并不意味着风险无法控制，也正是由于这种不确定性，才有可能在投资中取得超额收益。对此，马克斯在《投资最重要的事》中明确指出，风险分为正反两个方面。首先，基本面弱未必会导致损失的风险。业绩欠佳的股票如果买进的价格足够低，也能成为一项非常成功的投资。其次，风险可能在宏观环境并未走弱时出现。而灾难总是发生在没有花费时间精力去理解自己投资组合的人身上。

尽管你常常听到周围的人谈论"风险越高，收益越高"的某类产品，但事实并非如此。马克斯认为，依靠高风险投资获得高收益几乎是不可能的。因而，理解风险、进而识别风险，并控制风险至关重要。

基于风险控制理论，马克斯进一步提出了他的逆向投资观点。即当投资者认识到某一投资风险的时候，因为风险反映到了价格上，风险价格比高，这项投资成功的机会就高。反之，投资者忽略风险，风险价格比就低，失败的概率就高。运气固然存在，但便宜的价格可以带来更好的运气。

总体而言，马克斯的成功秘诀在于控制风险以及避免犯错。只要能够合理地控制投资风险，减少错误的发生，那么自然赢者自赢。

投资中的确定性和不确定性本身是个伪命题，因为不同的群体、不同的认知、不同的环境，会得出不一样的结论。伟大的恩格斯曾经说过："我们只能在我们时代的条件下进行认知，而且这些条件达到什么程度，我们便认知到什么程度。"伟大的马克思也曾说过："人的思维是否具有客观的真理性，这并不是一个理论的问题，而是一个实践的问题。人应该在实践中证明自己思维的真理性，即实践是检验真理正确与否的唯一标准。"这里恩格斯说的就是确定性，马克思说的则是不确定性，确定性和不确定性在一定阶段是相互转化、相互验证的一个过程，这与我们的投资是何其的相似。

四、投资，需要做好两件事

"你不需要有很高的智商，在我看来，学习投资只要掌握两门课程就足够了，一是怎么给企业估价，二是怎么看待价格波动。"正如巴菲特所说，做好投资需要正确地评价企业的内在价值，同时理性看待股价波动，以便宜的价格购买优质标的并持有，做大概率的投资。

如果股票价格在公司的价值附近波动，价值投资就是有效的。掌握科学的估值方法，正确评估企业的内在与外在价值，寻找价格低于价值的股票，是获取超额收益的重要方法。具体如何把握价格与价值之间的关系，路易斯·纳维里尔在《巴菲特的选股真经》一书中为投资者总结了巴菲特的一些经验。

一方面，企业估值是正确地认识企业内在价值的过程。巴菲特认为，评估企业的内在价值，一般来说可以从定性和定量两个方面来考量。定性方面，关注企业的基本面情况，主要包括考察企业的业务是否简单易懂，管理人员是否具有较好的管理能力和管理素质，企业是否长期具有又长又深的"护城河"，以及企业的未来发展是否有较为清晰和明确的规划。定量方面，巴菲特一般会重点衡量企业的一些财务指标，比如企业的现金流、营业收入、净利润、资产负债等。利用现金流贴现和风险估算值的方法，确定企业的内在价值，预估企业的增长率，计算某个时间点估值价值的期末价值，从而评价内在价值与市场价格之间的偏差。

另一方面，理性看待价格波动，尽可能以便宜的价格购买优质的个股并坚定持有。建立基本面—价值—价格之间的健康关系是成功投资的核心，但基本面价值只是决定价格的因素之一，投资者必须考虑技术和心理因素对价格的影响。价格总是围绕价值上下波动，面对市场起伏，投资者需要保持独立思考，克服从众心理，理性判断股价涨跌的原因。在企业内在价值没有变化时，即使股价出现波动，依然能够坚定持有，规避煽动效应带来的情绪影响，耐心等待价格反映企业的价值。

五、坚守原则，让投资更有力量

"对于投资这件事，只有时刻坚持原则，才能找到靠谱的投资机会。"正如查理·芒格所说，想要实现成功投资，不仅需要运用正确的投资方法，更要在任何时候都坚守投资原则。

如果说资本市场是一场充满惊险的攀岩，那么投资原则就如同攀岩中不可或缺的安全带，决定着攀岩到达的高度，更保障了攀岩的安全。总结查理·芒格的投资原则，《穷查理宝典》一书中分享了四条建议。

首先，找出自己的能力范围，在能力圈内投资。查理·芒格认为投资的规则，就是不断学习，扩大能力范围，唯有这样才能在复杂多变的市场中找到更好的投资机会。"你所要做的，就是找到自己的能力范围，然后专注于这些领域。"他提醒投资者充分发挥自己的优势，警惕在不擅长领域投资，否则只能事与愿违。

其次，保持逆向思考。投资者在面对市场起伏和个股选择时，需要保持与市场普遍观点不一样的逆向思考，才能避免盲从。查理·芒格认为在投资中想要找到正确的办法，需要先明确错误的方法，避免错误，才能做得正确。他认为，对于复杂适应系统以及人类大脑而言，如果采用逆向思考，问题往往会变得更容易解决。

再次，控制成本，寻找被低估的优秀公司。任何投资的价值都依存于买入的价格。对投资而言，控制成本是提高收益的重要保障。"价格是你付出的，价值是你得到的。"查理·芒格提醒投资者，在选择投资对象时，必须同时考虑"价廉"和"质优"双重标准。他认为只有那些具有又深又长的护城河、良好盈利能力、能干的管理层兼具的公司才能成为投资对象。

最后，保持适度的集中投资。投资者的时间和精力有限，适度集中投资能更好地发挥相对优势，让投资更高效。"我们的投资风格有一个名称——集中投资，好的投资项目很难得，所以要把钱集中投在少数几个项目上，这在我看来是很高效的选择。"查理·芒格建议投资者把投资集中在精选的优质公司，时刻做好准备，等待好生意出现。

六、品牌基因铸就宽广"护城河"

白酒行业没有太高的技术壁垒，是一个非常守旧的行业，因为白酒本身是一个"没有保质期的快消品"。但历史文化积淀是白酒最宽的护城河，茅台、五粮液和泸州老窖都有着非常悠久的历史，这是难以复制的资源。我们可以见到低端酒中异军突起的"江小白"，也看到酒精饮料中昙花一现的"RIO鸡尾酒"，但很难看到再造一个高端酒品牌，巨无霸联想也只能在孔府家酒上黯然离场。

茅台酒以其生产工艺闻名。酿制茅台酒要经过两次下料、九次蒸煮、八次摊晾加曲（发酵七次）、七次取酒，生产周期长达一年，再陈贮三年以上，勾兑调配，然后再贮存一年，使酒质更加和谐醇香，绵软柔和，方准装瓶出厂，全部生产过程近五年之久。

茅台酒因产于遵义赤水河畔的茅台镇而得名，地理位置是不可复制的资源。由于茅台镇地处河谷，风速小，十分有利于酿造茅台酒微生物的栖息和繁殖。20世纪六七十年代全国有关专家曾用茅台酒工艺及原料、窖泥，乃至工人、技术人员进行异地生产，所出产品均不能达到异曲同工之妙。也充分证明了茅台酒是与产地密不可分的关系和茅台酒不可克隆，为此茅台酒2001年成为中国白酒首个被国家纳入原产地域保护产品。

"国酒"茅台的崛起是营销意见领袖的成功典范。一个是周恩来外交的故事，"东方旋风周恩来日内瓦会议成功靠'两台'，一台是'茅台'，一台是戏剧《梁山伯与祝英台》。"另一个是电话调酒的故事，"1973年3月，金日成向毛泽东提起了茅台酒，毛泽东心领神会，一个电话到中央军委，指定要1952年生产的茅台酒三箱，速用飞机送北京，两箱送金日成，一箱留在中央。"由于领导干部爱喝茅台，下级对意见领袖的效仿自然也就蔚然成风。

五粮液拥有数万口上至明初古窖（1368年连续使用至今达650余年）下至几十年不等的地穴式发酵窖池，拥有国内最大的单体酿酒生产车间。经过近几十年的发展，公司已形成了独有的"十里酒城"规模，具备年产20万吨纯粮固态发酵白酒能力。

泸州老窖是中国最古老的四大名酒之一，"浓香鼻祖，酒中泰斗"。泸州老窖酒的酿造技艺，发源于古江阳，是在秦汉以来的川南酒业发展这一特定历史时空氛围下，逐渐孕育，兴于唐宋，并在元、明、清三代得以创制、雏形、定型及成熟的。两千年来，世代相传，形成了独特的、举世无双的酒文化。其1573国宝窖池群1996年成为行业首家全国重点文物保护单位，传统酿制技艺2006年又入选首批国家级非物质文化遗产名录。

名酒"入场券"已经发放完毕，非名酒再难逆袭。茅台、五粮液、泸州老窖等有悠久历史的名酒有着不可复制的优秀基因，属于白酒行业中的"贵族"。由于名酒评选活动已经不再举办，前四届评选出的名酒也有着优秀的"出身"。其他企业想从无到有建立一个品牌，由于历史文化的缺乏，几乎是不可能完成的任务。

七、切记不可给优秀的企业过高的估值

所有的企业都会有一个不再增长的终点，只是有些企业来得早，有些企业来得晚。有些企业可能到了1亿~200亿元市值就不再增长，变成一个很一般的小企业，有些企业可能在1000多亿元市值才起步，快速成长为万亿元或者几万亿元的市值，但是这些企业不管怎么样，都会走到一个停止增长的终点。

任何无"长期负债＋少商誉"的企业大概合理的最后估值都是16倍PE，或者说对应无风险收益6%左右的利润率倒数。而有长期负债的企业最后的PE会降低到更低，如果按照6%计算无风险收益率，如果负债占资产部分50%，那么大概的最终PE会降低到8倍，如果负债占资产比例更大，那么很多企业无法用PE估值，会直接用PB来计算，利润部分基本失效。

同样，商誉过大的话，也会导致资产部分过于虚幻，如果用利润估值的话，最后也要适当减少，可能商誉过大，最后无风险的PE

从16变成14，或者12，总之都要有所减少。

长线投资很忌讳的一点就是认为，优秀的企业什么时候投资都不会错，这种经验主义错误会导致一定会在某一个企业上很长期赚不到钱，当年费雪在摩托罗拉上守了4年才算回本，这就是买贵了的主要原因。当然如果分散几只还好，如果重仓一个，那高价买入优质企业套几年的例子，可就太多了。

第十四节 坚定持有好公司，慢慢变富

一、坚定持有好公司，慢慢变富！

2016年的行情，很多投资者可能都没赚到钱，有的甚至还亏了很多。

要做好股票投资不是一件容易的事，特别是价值投资。尽管每个人都能够说出一两家中最优秀的公司，也都买过这些优秀的公司，甚至低估的时候买过这些公司，但是最后发现自己的收益依然不是很理想。

有很多投资者会把选股和研究能力的不足视为造成亏损的主要原因，尽管这些的确非常重要，但不是全部，还有一些更重要的因素。

（一）要有耐心和远见，切勿急功近利

美国斯坦福大学有一位教授曾以4~5岁的孩子为对象，进行了一项糖果实验。这些孩子被分别安排坐在放好糖果的桌子前，然后教授告诉孩子们他要出去，15分钟之后才能回来。"你们随时都可以把糖吃掉，但如果你们中有谁能在老师回来前都忍住没吃糖的话，那么我会再奖励他一颗糖。"结果可想而知，大部分孩子等不了15分钟，甚至在老师刚刚走出房门就急着把糖吃掉了。只有少数自我控制力强的孩子能忍耐超过15分钟的糖果诱惑，从而得到第二颗糖。

看了上面的这个测试有何感想和启发？上面测试的是四五岁的

孩子，用的是糖果，时间是15分钟。如果换作是我们成年人在股市中，时间是以年计算，用的是我们的金钱，又会是什么结果呢？

贝索斯曾问巴菲特："你的投资体系这么简单，你是世界上最富有的人之一，可为什么别人不跟着你做同样的事情呢？"巴菲特回答："因为没人愿意慢慢变富。"巴菲特说得对，没人愿意慢慢地变富！

人人都希望短期赚快钱，没人愿意耐心地等待长期致富，人们频繁地买卖交易，试图短期获得收益最大化，而结果却适得其反。有很多投资者认为高点卖出、低点买入可以挣的比长期持有更多。而实际的理论研究和美国股市的实践证明，这是个完全错误的想法。频繁交易并试图通过交易获利的投资者，从来没有超越过长期持有者，也从来没有跑赢大盘，这是一个铁的事实。

且不说其间积累的摩擦成本多么的巨大，就是反复频繁的出手交易，就像一个棒球手胡乱地挥棒一样，好球坏球都去打，胜率自然很低，成绩自然不会理想，失败在所难免。

（二）正确看待股票的波动

去年的A股市场波动特别大，一些业绩稳定的白马股，也总是出现波段性的上涨、横盘和下跌，往往上涨的时候涨过了头，下跌的时候也跌过了头，虽然长期来说股价随着公司业绩的增长是上涨的，但是在大多数的时间段里，往往走势不尽如人意。

投资者面对这些大幅波动，往往不能正确看待，总以为自己买了业绩好的股票就应该上涨，殊不知自己是在短期暴涨后追进来的，走势长期萎靡时又忍不住割肉了，殊不知一卖就又涨了。

正确的做法是要站在一些"跑来跑去跳来跳去的投机者"永远达不到的高度上来看待公司的成长和股价的波动。好公司在市场行情不好的时候即使有很大的回调那也是正常。如果按年为单位来看，最近火爆的"妖股黑马"今年的跌幅基本都在70%以上。

（三）不要有攀比的心理

霍华德·马克斯说过这叫："与人比较的倾向，在投资中这是一种负面情绪。"假如投资者今年盈利了10%，但是别人都普遍盈利

20%以上，那么此时投资者将会很痛苦，即使赚钱了也还是很失落难过不开心……

相反，假如投资者今年亏损10%，但是别人普遍亏损20%以上，那么此时投资者则不会痛苦难过，反而会沾沾自喜。机构投资者由于有着各种排名的对比，所以这种情况尤为严重。

这样的结果肯定有问题，人们怎么可能赚钱的时候失望难过，亏钱的时候反倒开心？原因是投资者都会有"与人比较的倾向"，这种倾向会对投资过程产生不利影响。经常与人比较，也会使投资者情绪变差，心态变坏，从而影响自己的投资决策。

（四）不要人云亦云，让媒体左右自己的判断

长期投资最难的就是股价低迷时的坚持，这个时候，由于人性的弱点，再加上被媒体大众的误导，往往就做出了错误的选择。因为在这个时候，大众投资者本能地会把注意力集中在股价的短期走势弱的原因上，市场也总是充斥了对公司股价不利的各种利空消息。

实际上，这些利空消息往往都只是忽悠人的借口，它或者在过去股价上涨的时候也照样存在，早被股价消化或是对股价没影响所谓利空，或者根本就不存在。

面对媒体宣扬的其他股票大涨，市场每天都有黑马，每周都有狂牛，你也不能为之所动。翻开中国的各类报纸杂志网络博客等，每天见得最多的也都是无数的短线黑马，不断地炮制着无数诱人上当的陷阱，极大地干扰了真正的长线投资者的视线。

（五）市场的大赢家都是孤独的坚守者

彼得·林奇曾经说过："如果人们长期在股市赔钱，其实该怪的不是股票，而是自己。一般而言，股票的价格长期是看涨的，但是100个人中有99个人却老是成为慢性输家。这是因为他们的投资没有计划，他们买在高位，然后失去耐心或者心生恐惧，急着把赔钱的股票杀出。他们的投资哲学是买高卖低。"

前几年五千点的小牛市，很多股票的价格都一涨再涨，涨得非常贵，于是乎人人高喊价值投资，疯狂地冲入市场。而2016年的熊市，大部分股票一跌在跌，跌得非常便宜，人们又都恐惧地远离市

场了，不敢买股票了。只有那些极少数孤独的坚守者，最终都成了市场的大赢家！

二、投资需要学习成功者的经验

美国财经作家约翰·特雷恩专门研究巴菲特的"金手指"，解析其"点股成金"的奥秘。特雷恩以巴菲特的著作、访谈、演讲以及非正式观察资料为基础，对后者的选股和投资策略进行了详尽分析。股市瞬息万变，怎样在变化的市场中找到优秀的企业？巴菲特的成功经验值得投资者不断学习。

在书中，特雷恩强调，巴菲特每天花在研读财报上的时间远远超出看盘的时间。因为，在巴菲特看来，投资者必须关注公司的财务变化，并且能够解释变化的含义。为何管理层将后进先出法（LIFO）换成了先入先出法（FIFO）？这些一般人不会想到的问题，都会带给巴菲特很多投资灵感。

特雷恩特别强调投资者如果要成功，就需要像巴菲特那样去深刻地理解数据。他认为，投资者锻炼自己成为一流投资者的第一步就是学习基本的财务知识。他把投资比作下棋，投资者在市场中就像棋手一样，未曾谋面的人玩的是一个竞争游戏。任何竞争游戏中高手的数量都是有限的，因此如果你缺乏最好的竞争者所必须拥有的决定性技能，你的胜算将会大大降低。

如果没有足够的财务知识，投资者将无法理解大家所讨论的问题，也不能独立判断真相。当然，特雷恩的这种理论也会遭遇挑战。他十分幽默地回应："不识乐谱的伟大的音乐家可能存在，不懂财务的投资者也当然存在，但这种概率是微乎其微的。"没有足够的财务知识，投资者将像不识谱的乐队指挥一样无所适从。

很多投资者都希望在股票市场中赚钱，但是他既无能力又无技能提炼或解释所有信息。在信息竞争中他们毫无希望。最糟糕的事情莫过于连财务数据都看不懂的投资者，带着盲目的信心准备参与这场竞赛。

研读财报是为了更好地理解公司，巴菲特对于那些读不懂的企业又会采取怎样的态度？他的做法是尽量规避。巴菲特通常只投资自己确定的企业。特雷恩提醒普通投资者，想成为伟大的投资者最好试试这一招——在自己完全熟悉的种类与行业中选择合适的公司投资，对那些自己不熟悉的、没有工作经验的企业进行投资不太可能获得成功。

价值投资不仅是一种可以长期追求盈利的方法，更像是一种思考方式。优秀的投资者有很多相似之处，他们总在不厌其烦地学习成功的经验，并不断实践之。投资的知行合一，知易行难，读过巴菲特投资要诀的投资者不在少数，但能够真正践行这种理念的人并不多。

三、投资就应该持续做正确的事情

《投资先锋—基金教父的资本市场沉思录》是一本约翰·博格在2000~2009年演讲、文章的汇总，也是其多年来对共同基金投资的心得。在书中，他提醒投资者避免陷入数据陷阱，更不要被眼花缭乱的创新产品迷惑。约翰·博格提醒专业投资机构，必须在纷繁芜杂的市场百态中保持一颗正直高贵的心灵，坚持做对市场、对社会有益的事情，无论在何时都要坚持信仰，即使只有你一个人，也有机会改变世界。

约翰·博格在书中贯穿始终传递的价值观与道德准则就是：金融机构应该为社会大众最大利益服务，而不是抛弃道德仅仅追求实现个人财富。

在约翰·博格看来，坚持做正确的事，短期未必马上能有所斩获，但长期一定不会差，因为对于投资业绩来说，"均值回归"是必然的。无论是什么类型的基金，其最终的回报必将回归到长期的平均水平。所以，试图通过不同的投资风格、市值规模、股票价格、发行市场的选择，以期获得超额回报，这在长期是徒劳的。

除了强调投资中"均值回归"的必然性，约翰·博格还提醒投资者务必注重成本对业绩的影响。无论是交易成本还是税收成本，都会使投资业绩受到明显削弱，保守估计积极管理型基金的各种成本将使投资回报率每年降低2%以上。

基于不同的市场环境和市场的发展阶段，不少投资者可能会对约翰·博格的"均值回归"不以为然，他们会举出很多创新的好处。但从过往的历史来看，金融创新是一把"双刃剑"。如今，任何一个国家经济的发展都离不开金融市场。不可否认，遵循自由市场主义，金融行业在追求自身利益的同时也促进了公众整体的利益，实际上，华尔街也确实是依靠市场和开放的竞争创造了繁荣与富裕。

但是，十几年前，也就是2008年那场始于美国的金融危机至今令人印象深刻。约翰·博格从这场危机中得到了宝贵的教训：创新看上去很美，但是一旦超越了"社会底线"就会带来道德沦陷的巨大灾难。

以2008年美国次贷危机为例，次贷是一种创新产品。这种创新产品的"双刃剑"效应也十分明显。一方面，收入低廉的美国购房者，由于贷款公司和投资银行的联手协助，住上了远超过自己承受能力的房子，看似提前实现了"美国梦"。另一方面，这种创新反过来损害了购房者的利益，更可怕的是这种产品通过创新包装，直接将风险扩散到全球的任何一个市场。

越来越多的投资者开始从危机中反思：这场金融危机从本质上说也是一场道德危机的一部分。约翰·博格认为，危机过后，需要重建的不仅是金融和监管体系，更是社会基本的诚信和道德准则。

四、从真实价值出发的投资方法最可靠

价值投资的关键在于正确判断认识价格和价值的关系。在进行投资行动之前，投资者必须考察相对于资产价值的资产价格，建立基本面—价值—价格之间的健康关系是成功投资的核心。

投资者必须以价格为根本出发点，无论多好的资产，如果买进价格过高，都会变成失败的投资。所以，成功的投资不在于"买好的"，而在于"买得好"。没有任何资产类别或投资具有与生俱来的高收益，只有在定价合适时才具有吸引力。如果没有考虑价格，无论一项投资听起来多么诱人，都无法确定它是否就是一项好的投资。

霍华德·马克斯说："好的买进是成功卖出的一半。"如果你买

得足够便宜，那么不需要花太多时间去考虑股票的卖出价格、卖出时机、卖出对象或卖出途径。最好的买入时机是在崩盘时从不顾价格必须卖出的人手中买进。

因此，从强制卖家手中买进，是世界上最好的事情，投资者需要做好自己的安排，保证自己能够在市场最艰难的时期坚持住，不卖出，要做到这一点，既需要长期资本，又需要强大的心理素质。

霍华德·马克斯认为，确定价值的关键是熟练的财务分析，而理解价格、价值关系及其前景的关键，主要依靠对其他投资者思维的洞察。投资者心理可以导致证券在短期内出现任何定价。

所以，投资最重要的学科不是会计学或经济学，而是心理学。未来价格的变化取决于未来青睐这项投资的人是更多还是更少。投资是一场人气竞赛，在人气最旺的时候买进是最危险的，因为在那个时候，一切利好因素和观点都已经被计入价格中了。

与价值投资截然相反的是，完全无视价格与价值之间的关系，追求泡沫。某种东西价格上涨时，人们的喜爱程度往往会加深。即使这项标的的价格已经被充分估价了，但投资者认为价格会变得更高，在这样的时候买进或持有是极其危险的。因此，我们相信从真实价值出发的投资方法是最可靠的，依赖价值以外的东西（尤其是泡沫）获利是最不可靠的方法。

风险评估是投资过程中必不可少的要素，永久性损失的概率是每一位投资者所担心的风险。损失风险主要原因在于心理过于积极，以及由此导致的价格过高。投资者如果倾向于将动人的题材、概念与潜在高收益联系在一起，期望从已经有较高涨幅的股票上得到高收益，可能期望暂时会实现，但也蕴含着高风险，存在低收益或负收益的可能性。

五、思维模式是通向成功的钥匙

如何做出一个好决定？如何成为一个好的投资者？斯坦福大学心理学家卡罗尔·德韦克在《终身成长》一书中表明，我们获得的成功并不是能力和天赋决定的，更受到我们在追求目标过程中展现的思维模式的影响。

"股神"老搭档查理·芒格就非常重视投资中的思维模式。他曾说过，在你的大脑工具包中需要有多种不同工具，不要做一个只有"锤子"的人。在思维模型中形成思想和选择是一个好的开始，而建设这些思维模式是做出正确决定的关键。在投资中，思维模式同样对结果有着至关重要的作用，甚至被认为是打开成功之门的钥匙。

德韦克表示，思维模式可大致分成两类：固定型思维模式和成长型思维模式。固定型思维模式，顾名思义就是对固有的逻辑不断加强，拥有这种思维模式的人，对成功的理解是希望确保自己的成功，不愿意暴露不足。拥有成长型思维模式的人则更愿意接受失败，并从中吸取教训，拓展自己的能力范畴。他们全力以赴，能够学到东西并获得成长，高度关注能够提高他们知识水平的信息。对他们来说：学习才是第一要务，聪明并不是当下的完美，而是与长时间的学习有关。成长型思维模式强调学习的重要性。同样，投资是一个长期的过程，根本没有一蹴而就的成功，这就需要身处其中的人懂得学习。查理·芒格说道："你一定要在那些主要学科中学习其中的精髓，而且定期运用所有你学习到的知识，不是仅用其中的某一项。而现实中大多数人仅仅是学习了单一的科目和内容，例如，很多投资者仅仅是学习了经济学，而在遇到所有问题时只是用一种方式来解决。"这与《终身成长》中建立多元的成长思维模型如出一辙。

事实上，我们必须要接受每一个人的思维模式都是混合的，既有成长型的成分也有固定型的成分。每一个人都有一部分的固定型思维模式，但我们可以做的是将它在生活中出现的频率降低。改变思维模式确实很难，但值得尝试。成长型思维决定了我们面对失败时的复原力，面对挑战时的承受力，面对我们需要为之努力的事业时付出能力的多寡。

对每个市场投资者而言，市场每天的情况和大部分信息，差别是很有限的。但拉长时间看，投资业绩千差万别。造成这些差别的原因就是投资者做出不同的投资决策，而驱动这些投资决策的根本原因，除了自身的投资观和世界观，还有一个很重要的，就是我们的思维模式。

第四章　投资的心态与性格

第一节　投资须有耐心

一、在股市耐心比什么都重要

每个投资者进入投资市场，都可以用一句话形容，正所谓"熙熙攘攘皆为利来，皆为利往"。

投资市场根本不相信什么眼泪，更不会去同情弱者，你亏损盈利这都是你的事情，不能怪谁。在投资的过程中，一旦当你感到困惑时，不能确定时，千万不要去做任何投资决定，你主观的幻想与侥幸会让你亏损，它们是这个投资市场的天敌。

千万不要去勉强自己进行任何没有把握的投资，没有适当的投资市场行情，又没有一个胜算较高的投资机会，那投什么资啊，耐心等待机会就好，一定不要拿自己的资金开玩笑。

我们之所以说神枪手是神枪手，不是他枪枪必中而是在大概率出手时一定必中，懂得忍耐不乱开枪，这才是神枪手。合格的投资者也一样，不要求每一次投资都能盈利，在长期的投资中大概率盈利就足够了，千万不要有任何幻想和贪念！

投资讲究时机和投资方法，适合的投资机会不是每一天都有，可短线的投资机会天天有，可这绝不是一般投资者能抓住的，都会去抓住的。

投资高手都是在伺机而动的，冷静地观察和判断，耐心等待着自己所期待的投资机会的出现。当投资机会出现时，毫不犹豫地投资，然后进入漫长的等待，等着投资市场行情符合自己的投资判断，达到预期，就止盈止损，再次等待投资的时机。

投资者没有耐心就等不到适合自己的投资机会。投资后不够冷静，投资市场行情一出现一点点的波动都每时每刻伴随着你的心跳，一出现亏损时心跳都恨不得要马上停止了。你投资成这样无法去掌握利于自己的投资机会，最后大多都亏损离场。

若像有一个跟你想法一样的投资市场行情变化出现，我估计大多数都会抓狂再次马上投资，如此反反复复是大部分新手投资者最容易犯的一个通病，这样的行为亏损的概率也是最大的。

投资高手根本就没你想象的那么高不可攀，其实你和投资高手之间可能就只有一层纸的距离，可你想要去戳破这层纸的话，那可不容易，这需要去学习很多的东西。拥有耐心和冷静是现在很多投资者最欠缺的，投资市场盈利太容易了，怎么可能让人不贪不急躁呢，可是在投资中这些却是一样都不可少的啊。

投资之道就如一场漫长的持久战，既然你进入了战场就一定不能空手而归，学会怎么去指挥好你的军队是比任何神枪手都有用的。

二、投资其实很简单

（一）投资其实很简单，但是没有人愿意慢慢变富

巴菲特是全世界最富有、最具智慧的人之一，也被很多成功人士视为人生导师。据说，Airbnb的CEO 布莱恩·切斯基和亚马逊的CEO贝佐斯就会经常在沟通中谈论起巴菲特先生。在聊起巴菲特的建议时，切斯基问贝佐斯：" 你觉得巴菲特给过你的最好建议是什么？"

贝佐斯回答："有一次我问巴菲特，你的投资理念简单，为什么大家不直接复制你的做法？"

巴菲特就回了一句："因为没有人愿意慢慢地变富。"

很多人不了解巴菲特的资产有99%以上是在他50岁后赚到的，巴菲特本人是坚定地做价值投资的。

其实国内也有像巴菲特一样的长期主义者，褚时健74岁二次创业，84岁时褚橙一炮而红，带动当地农民发展。

他在采访中提到：这几年不少20多岁的年轻人跑来问我，为啥事情总做不成，我说你们想简单了，总想找现成、找运气、靠大树，没有那么简单的事。我80多岁还在摸爬滚打，你们急什么？

（二）投资者在急什么

现在的投资者总是急着盈利快钱，看到投资市场上一有发财机会，就想盈利一笔马上走人，什么都不顾。

有的投资者爱天天追风口，什么网红奶茶店、办公室自助零食货架、共享雨伞、区块链数字货币、工业大麻、人造肉，真的是有什么流行就做什么，有什么热门的就去推什么。

有的投资者今天创业就恨不得明天就马上回本，后天盈利，一点也承受不了自己账面上任何的资金亏损。还有一种投资者，看哪行哪业都觉得是被各种巨头垄断了，看什么投资项目都觉得有大风险，缩手缩脚根本不敢迈出自己的舒适区。

但无论哪一种是处于那种情况都会让人处于焦虑之中，这也是大多数人在一生成就有限的主要原因。可实际上，学会投资自己享受时间的复利，才是普通人成就自我的最简单却又最难做到的成功秘籍。

（三）投资市场如人生

投资市场是人生的修炼场这点不假，在这快速发展，金钱至上的时代，我们似乎都显得很急躁。进入投资市场的投资者，谁不是想着一夜暴富的，都是想盈利快钱的，但现实的结果是只有一两成的投资者是可以盈利的，而实现短期暴富的真没有几个。

我们太想盈利了，太想能够一夜暴富了，这就导致我们的心态容易被扭曲，有时候我们会变得很急躁，被主力牵着鼻子走，像韭菜一样割了一茬又一茬。

以前就知道追求快速盈利，自己总是盈利不了，现在我终于开悟了，投资市场投资的就是未来啊，我们只能去通过历史的运行去寻找某种有规律的运行逻辑。然后，通过这种逻辑去对未来进行预判，然后制订投资计划，结果会如何就只能是跟踪去看，最终盈利多少，有时候真的是需要点运气的。所有分析都只是概率、可能性，风险始终是存在的。

投资时也不再去奢望短期盈利，试着用一种平常心去顺势而为，跟着投资市场行情的节奏去走，本着尽人事听天命的态度，心态就会慢慢平和很多了。

就这样盈利也会一点点地积累上来，你就会发现有时候慢真的比快要好，人生不也是如此么？一定要有准备、有计划、有策略地去做，不要盲目，不要急躁，心态放平和一些，尽人事，听天命，该是你盈利的，跑不了的。

三、善于等待和耐心持有

其实大多数投资者都是缺乏耐心的，当看到股市低迷不振时就会去止损割肉，本来只是一个账面上的亏损变成了实际上的损失。反复经常性的割肉止损，可是加速破产的捷径啊！北上资金是聪明的资金，每当跌多了他们就会马上进来捡筹码。

耐心的等待其实也是投资盈利的最好秘籍。

你不需要去做太多的决定，一辈子只需要去抓住少有的几个低迷时期的投资机会，就足够你能盈利成功致富了。这里是指在低迷时去买进，而不是指在你有能力时买到最低价。其实任何投资者都没有办法去企图买到最低价。

其实你根本就不需要把投资想得过于复杂。

你只需要慢慢耐心等待，等到市场上的恐慌情绪蔓延时投下你的重金，留有部分余地以后在下跌中慢慢地增仓。然后耐心地去等待到下一次股市疯狂时愉快地清仓走人。这样一进一出就足够让你盈利了。

股市盈利的秘籍恰恰是这不起眼的"耐心等待"四个字。

耐心地去等待买进时机，耐心地去等待收获季节。我有一个朋友曾经在教育他的儿女投资时是这么说的："成功是一步一步慢慢等出来的，十多年前去买进房子来出租，你就能等来未来房子大涨5倍的时候，现在你买进股票慢慢拿分红，你就会慢慢等来下一次的财富大机遇。"

罗杰斯曾经说过一段很经典很值得你去细细思考的话："假如你在2年内靠投资赚了50%的利润，然而你在第三年却又亏了50%。那你这样还不如把自己的资金投进国债市场去。你应该慢慢耐心地去等待一个好机会，盈利就去了结，然后慢慢等待下一次的机会。如此反复你才能战胜别的投资者。"

人贵在自知、自知者明。

虽然说市场上的机会是无限的，但是独属于你的机会却是十分有限的。客观地去认识自己、主观地去分析自己，这样才能明白自己的定位在哪里。在属于自己的那个机会没有出现之前，要学会去抱着一颗平和的心态慢慢地耐心等待，对属于别人的机会要学会保持一种欣赏的态度。自知者永远明白没有一个"完美的投资"，以前没有，以后更可能不会有，也从来不会对错过低价买进而后悔，也不会去为没有实现盈利最大化而烦恼。投资的完整流程是："慢慢耐心地去等待一个买进的机会—买进—耐心地去等待卖出—卖出—耐心地去等待再次买进"。在你彻底退出市场之前，你会永远在这个流程里不停地循环往复。

买进是投资成功的重要前提条件。

好的买入点是可以让你占据着一个不错的位置，既可进攻也可退守，其后可以提供强大的心理支持和一定的回旋余地。卖出是对买进盈利的了结或者对买进亏钱的止损，这点在特定情况下比买进显得更加重要，娴熟地对卖点把握，可以让你有效地克服人性中那些固有的弱点，能让投资者在行情趋势见好时大胆地盈利，而在不利的情况发生时全身而退保存住自己的实力。有一句话说得好：会买的是徒弟、会卖的才是师傅。这句话说的就是师傅能够比徒弟更了解人性的弱点，而且能够去控制好人性中的一些难以彻底根除的弱点。但是这些对投资者来说还不是最重要的，投资最好的方法就是善于等待！

兵法上是这样说的："善攻者动于九天之上，善守者藏于九地之下。"虽然我们并不一定要去成为那些所谓的高手，但是这些道理一定要深刻领悟！要好好学习等待，并且善于等待！这样我们才可能去盈利，这样我们才能去成功！

四、"超常的专注力"

在2013年《奥马哈世界先驱报》的一篇文章中，伯克希尔的投资经理托德·库姆斯记得有一回巴菲特加入了他在哥伦比亚教的一节课。巴菲特被问到学生该如何为投资的职业生涯做准备。他抓了一叠厚厚的报告与一些文件，并回到：像这样每天读500页……知识就是这么运转的。它会累积，如复合利润。你们所有人都能办到，但我保证你们没多少人会去做。

如果阅读本身不能证明巴菲特的专注力，他在1993年的股东信中提到，"当然，我们在这一年里会驻足于一个好点子。"一个大的想法和每年阅读182500页书。这就是专注力。

第二节 投资须保持独立

一、为什么股市成功的投资者往往都很孤独？

当世事全部洞悉之后，早就不再像十八九岁时那样去渴望拥有友谊了。当我们在青少年阶段时，经常与三五好友一起同行玩乐，觉得人生是这样无憾。然而，后来我们逐渐发现，越是长大越是孤独啊，不单单是我们自己，看看旁人，谁到了三十多岁，男女不论，朋友都是很少的；再看看那些已过四十的中年人，朋友就更少了；至于那些五六十岁的人，朋友又会少得可怜啊……

细想原因，朋友之所以能成为朋友是因为有两个基础，第一无疑是要有相似的想法，第二就是要有一个共同的利益。

年轻人，相似的想法可能会很多，都会去憧憬未来。假想着多去认识几个朋友能够在未来某一个时间去帮助到自己实现利益，因此非常乐于去广交朋友，朋友当然多了；到了三十多岁、四五十岁的时候，会发现那些曾以为很相似的一些想法，其实都存在着非常巨大的分别；人和人之间真正能够有相似想法的是不多的。至于有共同的一个利益，说老实话真能够帮到你的也并非多，所以朋友当然就少了。

尽管如此，我们在社会上打拼，多数的行业里，无疑都需要有一个团队的合作。原因是当社会分工越来越细，我们要去完成一件事情，你一个人肯定是做不完所有的环节的，一个篱笆三个桩，我们与别人因为利益而捆绑在一起，社会上大多数人不得不因此投身于一个又一个"关系网"中，使自己成为这个庞大的"关系网"里的一个小节点，说白了这就是一个使自己能被别人用得上，同时也使别人能够被自己用得上的一个"关系网"。所以，在社会上大多数行业里，无论是走红道图谋去当上一个官，或是去走白道在职场混一混，又或者去走黑道博上一个所谓的江湖义气，这些种种都是需要朋友的。虽然，这种朋友并非真正意义上的朋友，无非就是一群利益的"纠集者"，可这毕竟也算得上是世俗意义上的朋友啊。

当今的互联网可以说是大大拉近了人与人之间的距离，哪怕是远隔千里，你也可以知道父母或者朋友今天吃了什么买了什么，这就是人类科技文明的一个进步。当我们接触的人越来越多时，所接受的信息也就越来越多，人们思想在一起汇聚，总是能擦出无限的火花来。做投资，更是如此啊，投资者之间的一个互通有无，经常会让你看到自己无法去发掘的一些小问题，这样的良好沟通，是会让你在一个短时间内就可以收集和学习到更加丰富的内容和知识的。

作为投资者的我们要与人热情，但是要有个人的思考，要去学会孤独。作为投资者的我们，最忌讳去人云亦云。在这个飞速发展的互联网里，是很有可能会影响你起初的一些判断的，让你彻底改变自己最初的一个意志。投资者需要孤独，而且是思想上的一种孤独。孤独是可以培养起我们内心深处那种相信自己的意志，更能让我们自己有一个更广阔的思考空间与余地，一直到最后，去让自己变得更加坚强。

在我看来，那些有大把时间花在网络上和人去争得面红耳赤的所谓"大Ｖ"们，他们争论得越多，就越能看得出他们对自己的不自信。

在市场中，拼的不是谁活得有多么好，拼的是谁能在市场之中活得更久。我见过有太多的人死在那黎明来临之前的黑夜中。他们不是没有去看见光明的这样一种能力，而是他们没有去坚持到黎明的能力。"剩者为王"就是这样一个简单的道理。投资者需要孤独地思考，这是非常重要的。

二、投资须保持独立

"避免犯大错误，避免资本金持续亏损，要做到客观理智，必须进行独立思考。"正如查理·芒格所说，在投资中保持独立，规避盲目从众，是投资者获取远超市场平均收益的关键。

所谓保持独立，查理·芒格认为，是指投资者在面临复杂的投资环境和市场众多噪声时，能够保持独立的投资逻辑和清晰理性的投资思路，凭借丰富的投资经验做出理智的投资判断，不盲目从众。他曾经说过："你是对是错，并不取决于别人同意你还是反对你，唯一能决定你正确与否的是你的分析和判断是否正确，'随大溜'只会让你往市场收益的平均值靠近。"

关于如何在投资中保持独立思维，《穷查理宝典》一书中总结了查理·芒格的三个原则。

首先，保持求知欲。求知欲能促使投资者在市场中不断学习和阅读，通过时间的积累和经验的总结，拓展自己的能力圈，长期坚持有助于更好地认识和理解市场。对于时机，他有着深刻的认识："诱人的机会总是转瞬即逝的，真正好的投资机会不会经常有，也不会持续很长的时间，所以你必须保持学习，并做好行动的准备，要有随时行动的思想准备。"机会是留给有准备的人，这就是股票的市场规则。

其次，在能力圈内投资。你所要做的，就是找到自己的能力范围，然后专注于这些领域。在能力圈内投资是投资者在市场中竞争优势最大化的方法之一。查理·芒格建议投资者在能力范围内选择业务显而易见的公司，忽略那些深奥难懂的，选择护城河较深且竞争力十足的优质企业。投资前要考虑总体的风险和收益，用科学的方法对投资标的进行分析，时刻关注潜在的关联效应对投资收益的影响。

最后，善用投资分类。投资者往往碍于复杂多变的市场难以做出正确的判断，善用投资分类有助于投资者更准确地做出决策。查理·芒格将市场行业分为三种类型：可以投资类即容易理解、有发展空间、能够在任何市场环境下生存的主流行业；不能投资类即大张旗鼓宣传"交易"的热门行业；太难理解类即高科技行业或者项目业务过于复杂的行业。他建议投资者把主要投资限定在简单而且易于理解的可以投资类的项目之内，深入研究分析。

三、心理因素是导致投资错误的主要原因

鉴于钟摆的摆动方式，当投资者变得过于轻信而不再怀疑时，这些错误往往会同时发生。

从很多方面来看，心理因素都是最令人感兴趣的导致投资错误的原因，它们可以极大地影响证券价格。当心理因素导致某些投资者持有极端观点并且无法被其他人的观点抵消时，就会导致价格过高或过低。这就是泡沫和崩溃的根源。

（一）心理因素如何影响投资

投资者如何在心理因素的影响下错误投资？

（1）屈从。

（2）不知不觉地加入已被他人的屈从扭曲的市场。

（3）未能利用市场的扭曲。

以上三点是同一件事吗？我不这么认为。让我们结合危害性最大的心理因素之一——贪婪，来剖析这三个错误。

贪婪过度时，证券价格往往过高，进而造成预期收益过低，风险过高。资产代表着将会造成损失的错误，或可被利用的错误。

前面列出的三个错误中的第一个：屈从于不良影响——意味着贪婪并买进。如果你在赚钱欲望的驱使下，抱着资产将继续升值、策略将继续有效的侥幸，在价格过高时也不断买进，你就是在自寻烦恼。如果你以高于内在价值的价格买进——资产会从估价过高到

估价超高，你必须得特别幸运才能获利而不亏损。当然，被推高的价格更容易导致后者而不是前者。

第二个错误，也就是我们所谓的失察错误。你可能没有被贪婪诱惑，举例来说，你的401（k）计划可能以投资指数基金的方式稳定而被动地投资于股市。然而，加入（即使是不知不觉地）到一个已经被他人狂热的购买行为推高的市场，将会对你造成严重影响。

每一个不利影响和每种"错误"市场，也都提供着获利而不是犯错的机会。

因此，第三种形式的错误指的不是做错，而是没有做对。普通投资者能避免错误就算万幸，而优秀投资者期待的却是从错误中获利。当贪婪导致股价过高时，大多数投资者希望不再买进甚至卖出。但是，优秀投资者可能会通过卖空而在价格下跌时获利。犯第三种形式的错误：例如，没有做空估价过高的股票是另一种不同形式的错误，即"不作为"错误，不过可能也是大多数投资者愿意接受的错误。

（二）过于轻信导致错误

导致这些错误的心理因素是，出于"这次是不同的"的信念，投资者偶尔会乐于接受引起泡沫和崩溃的新奇理论。在牛市中，怀疑不足使这种事情经常发生，因为投资者相信：

（1）某些新发展会改变世界。

（2）已成过去陈规的模式（如商业周期的盛衰）将不再存在。

（3）规则已经改变（如确定公司是否资信可靠及其债务是否值得持有的标准）。

（4）传统价值标准不再适用（包括股票市盈率、债券收益率差或房地产资本化率）。

鉴于钟摆的摆动方式，当投资者变得过于轻信而不再怀疑时，这些错误往往会同时发生。

为什么"世界第八大奇迹"会如愿发生在投资者身上？总有一个合理甚或复杂的解释。不过，解释者常常忘记提醒人们奇迹会偏离历史，它需要事情按照预想方向发展，许多其他事情可能发生，其他可能的结果中有许多会是灾难性的。

第三节 良好的投资性格

一、培养良好的投资性格

"每个人都有投资股票赚钱的知识，但并非每个人都有投资股票赚钱所需要的性格特质，只有把投资知识和性格特质相结合才能真正实现投资盈利。"正如彼得·林奇所言，获取投资成功不仅仅需要丰富的知识，更需要投资者具有良好的投资性格。

面对市场变幻，如何能够长期制胜是投资者关心的主要问题。事实上，长期制胜不仅需要对客观环境的理性判断，还需要投资者养成良好的投资习惯和性格。总结自己的投资经验，彼得·林奇在《战胜华尔街》一书中送给投资者三类良好投资性格的观点。

第一，足够耐心。林奇认为市场永远存在机会，但把握住机会最需要的是耐心。投资者应该在投资前耐心做好对公司的基本面研究，发掘优质的公司买进后坚定地长期持有。如果缺乏耐心，投资者容易在股市交易中陷入盲目追涨杀跌的恶性循环，当股市热火朝天时匆忙买进，股市大幅下跌时恐慌卖出。他建议投资者尽可能忽略市场环境的压力，耐心持有优质股票，等待价值回归。

第二，保持勤奋。林奇每年把大量时间和精力分配在对公司基本面的深入研究上，每天工作十几个小时，每年要访问570家以上的公司并阅读700份年度报告。"如果你研究了10家公司，你就会找到1家远远高于预期的好公司。如果你研究了50家公司，你就会找到5家远高于预期的公司。"想要获得更好的投资成果，投资者不仅要不断学习投资知识，积累投资经验，更需要保持勤奋的状态，付出时间和精力深入研究所投资的公司。

第三，善于发现。日常生活中我们会接触到许多和上市公司有关的产品。"任何一个行业或者任何一个地方，平时留心观察的投资者就会发现那些卓越的高成长公司，而且发现的时间会远远早于那些专业投资者。"林奇总是能通过"逛街法"挖掘出成长性优异的零售业品种，获取超额收益。投资者需要有善于发现的眼睛，时刻做一个"有心人"才能发掘投资机会。

二、市场波动考验投资者的勇气和魄力

"受到人类各种恐惧与贪婪的非理性情绪的影响，股价在过高与过低之间摇摆不定。这种股价的波动在20世纪90年代后期以后表现尤为明显。"价值投资实践者布兰德斯认为，短期股票价格的上下波动，可以充分考验一个长线投资者是否具备在任何情况下都能坚定不移地关注优秀公司价值的勇气和魄力。真正的价值投资者具有强大的内心和忍耐力，并不害怕股价的非理性下跌。

股票市场的波澜起伏考验着投资人的耐心和实力，把握安全边际有助于取得长期投资回报，合理控制回撤风险。所谓安全边际是指价格与价值相比被低估的程度或幅度。只有当价格被低估的时候才存在安全边际或安全边际为正，当价值与价格相当的时候安全边际为零，而当价格被高估的时候不存在安全边际或安全边际为负。对于价值投资者而言，标的价格被低估，长期投资获利的机会也就相对增加。较大的安全边际不仅能够带来更高的投资回报，还能保障长线投资利益。投资者在以较大的安全边际买入股票后，需要着眼长远，培养忍受短期亏损的耐心。对于那些只关心价格的投资者，股价下跌往往带来的是内心的恐惧与打击，甚至会促使他们做出非理性的投资决策，如将股票在低位抛售。价值投资者始终聚焦公司的内在价值，立足基本面分析，在他们看来，优质个股的价格下跌往往意味着低位加码的好时机。无论何时，只要金融市场没有将基本面价值完全反映在证券价格中，投资者就会获得一定的安全边际。

同时，投资者需要能够拒绝快速获利的诱惑。如果执着于短线投资，漠视公司的基本价值，往往会蒙受较大损失。事实上，价值投资者在持有个股时，时刻将自己当作公司的主人，而非股票持有者，长期考察和研究公司的发展。价值投资者关注公司的发展、在市场竞争中的地位、治理结构等因素，充分运用股东权利，陪伴公

司成长，帮助公司发展。因此，价值投资者持有股票的时间通常不短于一个正常的商业周期，往往为3~5年。

相反，投机者往往对投资标的的实际商业价值不太感兴趣，而是更关心哪天能以高价把自己手中的股票转卖给他人，关心股价的短期变化，而不在乎公司的本身价值。事实上，受到恐惧和贪婪情绪的影响，没有人能够准确预测市场的涨跌，股价也总是在过高与过低之间摇摆不定。

三、要盈利就必须输得起

（一）投资者你要盈利就必须输得起

在现实生活中是没有一个人，会突然在路边摊买了一本非常简易的外科手术的书籍看了几眼后，就会立马去开一个诊所；更没有一个人，会突然看了几眼烹饪书后，就立马去开一个饭馆；可搞笑的是，有非常多的投资者，在看了几本投资书籍后，在没有做好任何自己时间和资金准备的情况下，就被这些书坑得立马杀入这个残酷的投资市场，不管不顾，亏损到哭。

我们刚刚进入投资市场开始投资时，难免总是会患得患失，并且非常容易将亏损与实际物品做一个对比和联想。

投资市场是一个不确定性非常高的市场，投资者要想在这种不确定性中获取确定性的盈利，你只能保持一种终极心态：投资得失随缘去，心无增减随便吧。我们一旦太去注重外在事物，自己的内心就很自然地变得非常笨拙。大部分的投资者把盈亏看得非常重，这就导致了投资的变形。

我们投资亏损往往是因为现实与梦想间的巨大差距所导致的，而我们不明白不去解决这个问题从而让它产生了一个更坏的后果。所以，我们在进入投资市场之前，就必须要有一个充分的心理准备，那就是我们一定要有比较足够的资金和投资时间。

在投资市场要有足够的资金这是必需的，但是拥有足够的投资时间又不一定会取得比较良好的投资效果。你要明白投资经验和投资经历根本就是两码事，比如白龙马和唐僧去西天取经，这过程经历了九九八十一难，这才叫经验啊！而推磨的那个驴子，在磨盘上不停地走了十年，这个就叫作经历。

投资者之所以老是亏损，很大原因就是因为自己时时刻刻都在进行反反复复同样的投资，在思维上，在投资的思想认识上，根本就没有跟随投资市场的变化，花时间去做出改变。

（二）拥有杰出的心性，才是投资高手

人最聪明的地方根本不在于投机取巧的那方面，而应该在于如何去脚踏实地，善良、勤奋、认真、守信等，以及对正义、真理的执着的追求和拼命的坚守。

任何人都可以踏上投资的道路，可是绝对不可能因为善于投资而获得投资成功和盈利。投资这事就像是去攀登珠穆朗玛峰一样，选择它可以说是不理智的，但是当你选择之后一旦存在任何不理智的想法和行为，都可能会给你带来灭顶之灾。

投资者在投资市场抱有任何的侥幸心理都只能说明，受到的教训一定还是不够深刻。当你看到一个在投资市场游刃有余的投资高手，他的背后肯定是无数看不见血淋淋的伤口。

投资之道的探索是一条没有止境的道路。而我们却只能在自己的大方向正确的前提之下，去一步一个脚印地慢慢向前进，投资成功之路没有任何捷径，我们要明白苦难是我们投资路上的良师。

投资市场犹如一个充满了魅力却又是凶残成性的恶魔。只要你进入投资市场，她不仅可能会吞掉你的资金，甚至还可能吞掉你的生命。

有一件可悲的事我们不得不去承认，人在某种绝对意义上来讲是根本无法战胜投资市场的，因为你的判断力和想象是不可能战胜事实的。你投资的胜利与否根本就不是由你自己决定的，而是由投资市场决定的。对于我们而言，那些最终意义上的投资高手都是能够做到从容不迫的人。

其实对于我们而言，拿得起来非常容易，可是要放得下那就很难做到了。在投资市场要想成功，你就必须去全身心地关注投资市场的变化，必须在一定时候付出一定的代价，可你又不能因为这就

去放弃一切。

要记住，投资市场是没有生活重要的，你一定要在这两者之间找到一个平衡点，不然就非常容易既亏损了资金，又亏了生活。

四、要勇于尝试

投资者刚进入投资市场，投资的经验一定是非常欠缺的，那些在新手投资者脑海里存在的什么投资概念、策略、技巧、方法等乱七八糟的都是来自书本之上。有些投资者谈论起投资来，那可头头是道啊，其实这些都是纸上谈兵，没有什么实际意义。

而有些投资者在投资市场的时间非常长，5年、10年、20年的投资者有的是。可是投资时间长，不一定就会投资。投资这么久，投资水平没有一点长进，反而是染上了不少的坏习惯。比如喜欢满仓投资啊，或者因为被投资市场深度套牢而觉得投资无望，犯上了可笑的臆想症。

投资者要想提升自己的投资水平，就一定要去学会改变自己，勇于向自己的坏习惯挑战，去改掉那些投资中的坏毛病。

因此，刚进入投资市场的投资者不要害怕市场，不要害怕亏损，要积极地去对各种投资方法进行尝试、实践，从而找到自己的投资方法，这样我们才能在投资市场慢慢盈利。对于刚刚进入投资市场的投资者要勇于去尝试，就是把自己的资金去分成一定比例的资金，这样哪怕我们亏损也不会让我们伤筋动骨。

对于那些刚学会投资方法或者平时根本不敢去尝试投资方法的投资者，可以在合理的范围内、不盲目投资的前提下勇于尝试。并试着在投资中去总结那些为什么亏损和盈利的投资经验，做好下次去尝试和挑战自己的准备。

勇于去尝试，不是让你盲目去尝试，一定要在适度的范围内去尝试，我们一定要做到投资的态度要积极、要认真。不能因为自己的资金投入比较少就不去注意，一通乱来，如果自己的投资态度不够端正，再多的尝试也是没有用的，也起不到提高自己投资水平的作用。

投资者一定要大胆地去尝试，因为你不知道最适合自己的投资方法是什么,这东西不是从天而降的,是要你不停地去尝试的。当你慢慢尝试出自己的投资方法,你也就快要盈利了。

投资者一定要明白,勇于去尝试,不是让你乱来,这是一个一边学习又能盈利的过程,所以不要让自己的资金做过多的投资,这是不理智也是愚蠢的行为。因为投资者勇于去尝试,是因为自己的投资方法没有掌握好,对自己要做的投资也不够了解,在这种情况下,投资具有的风险性是不小的,所以说大资金的投资是对自己的资金多么的不负责啊。投资者要勇于去尝试的主要目的是要在一次次的投资中迅速地提高自己的投资水平,所以投资者就更不应该过多地浪费自己的资金。

此外,投资者一定要保持勇于去尝试的一个持续性。投资者要勇于尝试,想尽办法去保持尝试的乐趣。这其实和锻炼身体是一样的道理,你要想保持好一个完美的身材,你可以选择去健身,但是要长期坚持才能取得一个好的效果。

投资者要勇于去尝试,在这个过程中不断去丰富自己的投资阅历,慢慢地提高自己的投资水平。但是一定要保持勇于尝试的持续性,相信在一段时间的盈利和亏损后,你的投资水平和悟性都会有一个质的飞跃。所以,投资者一定不要害怕亏损犯错,要勇于去尝试,相信有一天在你不断地总结思考过后你的投资方法形成,那你离盈利就真的不远了。

第四节　投资的心态

一、什么是赌徒思维?

（一）什么是赌徒思维?没有规则的投资,都是赌徒思维
什么是投资之中最常遇到的认知错误呢?

首先,我们应该问自己一个最基本的问题:在投资中你最害怕的是什么?我想绝大多数投资者的答案可能是会选择害怕自己努力

了那么久，依然错过了趋势。

其实，你最应该去害怕的是什么？那应该是你的亏损，是你自己站在趋势的对立面上还没办法去改变这个情况！

这可能是一个非常有意思的心理现象：与少部分盈利相比，绝大多数投资者往往对亏损的包容度可能会更高一点。

而如何学会保本这对每一个投资者来说都是最重要的一件事情，也是最应该第一时间学会的。只有我们一直留在场内才有资格和有机会去享受长期复利的增长和时间的红利，如果我们总是去想着一笔投资就定江山，那就变成了赌，不再是投资了。我们经常说"鸡蛋是不能放在同一个篮子里的"，但是这个问题的前提是要保证母鸡活着，这样才会有源源不断的鸡蛋。

为什么投资者可以在投资市场去发财致富，而赌徒就只能在赌场破产出局呢？很简单，这是因为规则，谁主动掌握了规则，谁就掌握了盈利的主动权。

作为投资者的我们面对着随机波动的市场，尽管盈利和亏损看起来是一种概率事件，但是投资者可以给自己去制定一个投资规则，把这种概率上的问题转换为人性的问题，概率是不由人的，但是投资者可以通过控制我们自己的人性而获得更大的盈利。而赌徒就只能去面对别人所制定的游戏规则，这看上去是一个纯概率的问题，其实我们都在等，庄家总是会有办法去让他们自己的胜算更大一点。

从这个角度上讲，说投资是一种有规则的赌博，好像多少也能说得通。但是反过来说，一个没有规则的投资也好像是赌博一样。你自己到底是在做投资还是赌博，自己翻开自己的投资记录看看，你就明白了。

如果我们心中有的是规则，那么我们看到的便是整个世界。如果我们心中有的是赌博，那么我们看到的永远只能是我们自己。

（二）有多少投资者活成了赌徒的样子

投资里有一个最大的实践性谬论就是人明明是非理性的、情绪化的，但是我们各种的技术分析理论却一直基于理性人为理论而展开的。

我们在实践中所总结的那些理论的初衷，是为了更好地认知所有的事物。但是在投资的世界里，我们却很容易舍本逐末。我们越是去追求完美的不亏损的理论就越是容易让我们自己去忽视了一些本该重视的东西。

在这么多的技术分析理论中，无一例外地都去假设了每一个投资者都是根据一个可得的信息去作出一个最优的决策。这样理性成熟的投资者，是不会恐惧的，也不会去冲动的，但是这有可能吗？也许这在非开盘的时间会有可能出现，但是一旦在开盘时间内投资者几乎不可能是这样的。肾上腺激素的分泌可不是自己说去控制就可以去理性控制的，并且我们身上人性的缺点是与生俱来的，人本身最擅长的就是去满足感性上的欲望从而丧失了基于理性上决策的能力，这恐怕也是知易行难的根本症结所在了。所以说在前提条件无法达到的情况下，哪怕是最炫彩的理论也只能是沙上的塔。

我们作为人生来皆有赌性，所以说澳门和拉斯维加斯才会成为许多赌徒去试图逆天改命的翻身的地方。我们不可以否认的一件事，人的一生总是会需要去破釜沉舟地赌上那么几次，只是有的投资者从进行投资开始就不是单单去抓住机会赌上那么几次了，而是每一次投资都是在赌，谁能一直去承受这样赌输的后果呢？

如果我们非要去分出一个什么区别的话，恐怕就只能说有的投资者是把投资视为一种工作，他们并不奢求每一次的投资都可以盈利，更不会去奢求什么一夜暴富。而是一直去追求一种很大概率上的盈利，只有在这种概率之内的时候他们才会进场投资。而有的投资者只是把投资当成一种单纯上的赌运气，期望自己每一次投资都可以盈利，认为盈利投资的机会遍地都是，没有什么进场时机的选择，更不要去提什么资金管理与投资系统。

另外，作为投资者我们不要轻言盘感，如果我们没有经历过许多次盈利与亏损的投资，就不要用什么盘感不好来安慰自己，并觉得这是一种与生俱来的天赋，这种可笑的做法也只不过是一种与赌博没什么大的区别的冲动罢了。市场行情从来都不会因为你个人的自我感觉良好而市场行情见好。

都说鱼的记忆只有三秒钟，其实人的记性也不见得好到哪里去，都是好了伤疤忘了疼，每一个亏损的投资者其实并不是真的所有的方面都一无是处，只不过他们总是在反反复复地犯着同样的错误。就像一个彻彻底底的赌徒脑子里总是去想着一夜暴富与立马翻本，虽然这次扛单可能扛到痛心疾首，但是他们几乎无一例外地下次还是会继续去扛单，在这种不停的恶性循环中，就看谁能够强迫自己去跳出自己的心理舒适区了，每一个投资者都希望在这个投资角斗场里实现自己的财务自由和人身自由，但是哪里来的那么多自由啊？投资与其他行业没有什么大的不同，任何自由的前提也是自我的自律。

二、投资投的就是心态

（一）投资投的其实就是心态

对于投资者来说，刚刚进入市场总是要先交点"学费"的，随后就开始在追求各种技巧和方式方法上狠下功夫，其实笔者觉得，投资最重要的还是心态，投资投的其实就是心态！

·投资最忌讳的就是心态不好。

不能去理性地看待涨和跌的问题，导致自己做出各种错误的决定。投资的基本知识是死的，掌握它其实是很容易的一件事情，制订方案也没有想象的那么困难。困难是在于你面对涨或跌时的心理上的变化啊。能不能去坚持执行这些方案以及去随机应变，去做出明智的决策。毕竟啊，我们亏盈都是在我们这一念之间啊！在投资者中最常见的几种负面心态就是恐惧和贪婪啊。

·恐惧。

有时候在市场大跌时，我们会恐惧它会跌得很厉害，亏损得很多；有时候是在盈利时我们恐惧它随时会亏损，自己没有去及时止损。一旦我们有了这种恐惧心理，就会影响我们自己对整个盘面的基本判断，很容易止损在一个错误的价位上。

·投资最忌贪婪。

赚10%时还在幻想着能不能赚20%，妄想在最短的时间内去盈利，指望在市场中去实现所谓的不切实际的富翁梦。这种贪念很容易就被市场的暴涨情绪激发，它会慢慢使你失去理性思考的判断能力，使你忘记了去分散风险。所以要想在市场中获利，首先第一点就是要去摒弃那些错误的心态，慢慢养成一个正确的心态。

·要有自己的独立判断能力。

没有自己的独立判断能力，总是在做跟风投资，这是不明智的。板块启动时或许差别不是很大，但是一旦出现市场大震荡，跟风投资总是死得最快的，而且大部分的投资者在亏损之后都不会去止损。

·要果断不要去拖沓。

市场的盈亏往往就在一念之间。看准时机该投资时投资，该止损时止损，不要去瞻前顾后，犹疑不决，这样最终会让你错失良机，后悔不已。

·要始终保持理智，绝不去做追涨杀跌的事情。

可以说这个是所有韭菜心中永远的一个痛！看到市场行情涨了起来，就马上追着投资，看到暴跌的情况发生，又马上承受不了，割在地板上，又后悔莫及。切记不要去做追涨杀跌的事情！不要去羡慕别人的成果，宁愿去错过，也不要去犯错，投资的第一宗旨就是：保护好自己的本金！这才是最重要的！

所以我们自己的心态要好，知识面要过关，不能在什么都看不懂的情况下就随便进入市场，在没有合适的应对策略的情况下千万不要去做各种各样的操作，这样的结果只能把你搞得越来越糟糕。

（二）正确的投资心态

正确的投资心态至少包括以下几个方面：

（1）坚定地去相信自己。这其实有点废话，事实上不光是在市场，坚定地去相信自己是在任何行业成功的首要条件。试想一下，如果你自己都不去相信自己，那么谈何成功？所以作为投资者的我们要坚定地去相信自己所学到的能力，且在实践中努力地去获得成果。

（2）积极地去评价自己。无知和狂妄自大往往是导致很多事情失败的根本原因，在市场亏损的投资者大多数都抱着一种市场亏欠他们的可笑心态，这事实上和想象是有一段距离的。特别是我们投资者不要去人云亦云，盲目追捧所谓的热门股，这种现象在市场中尤其严重。我们要用自己的经验和直觉去客观地分析所谓的当前热门股，当面对着各种不同意见时，可以试试站在对方的角度去考虑一下。

（3）始终去坚持自我。股市不是什么赌场，说明白点这也是一个多劳多得的行业，这里的多劳指的是时间，因为大多数情况下，短期内你的努力很难能得到和努力相匹配的一个结果。很多新的投资者在这一步就马上打了退堂鼓，要想在任何行业都能够成为一个专业人士，这就需要你必须付出锲而不舍的努力。

（4）要学会去空仓和忍耐。市场的规律是难以捉摸的、动荡起伏的，这些都是很正常的表现。所以我们要去学会看淡"空仓"这一现象，更要去保持一颗良好的耐心。只有去学会空仓和忍耐了，才能在合适的时机出现时更好地去抓住机遇，获得丰厚的盈利。只有学会了空仓和忍耐，这样才是你走向投资高手的一条必由之路啊！

（5）要不停地去改变自己。也许你前期订好了很周密的投资方案，但市场的特性在于它是一个没有恒定的运动规律的存在。这就意味着你必须去随时观察你的方案所实施的效果，以及这个方案是否符合你本身的风险接受能力，如果不能，而且不去试着改变的话这就很容易导致亏损。打一个小小的比方，原本只买两只潜力股，但这种投资太过集中肯定会让你晚上睡不好，这个时候你就必须去试着分散你的风险，多买几只握在手里。

三、投资要有什么样的心态？

（一）一定要有耐心

有的投资者一旦进入投资市场，就特别想大干一场，特别喜欢来回投资。可实际情况是一止损市场行情就见好的现象非常多。

经常又以一个高价去投资回来，这不但要花非常多的成本，而且投资都是要手续费的。有的投资者本来自己是想好了，要在市场行情动荡的时候到多少才开始投资的。

谁都知道就是按捺不住，没有到达那个投资的条件下就投资了，结果就是一投资就被套得死死的。

要相信，耐心总是会给你带来奇迹的。不要因为一次又一次过度地来回投资，而错过了盈利的机会。但这也是一个不可避免地要发生的情况，每一个刚进入投资市场里的投资者都不可能一下子就能看得那么深，那么透。任何投资都要经历一定时间的洗礼，这样才能慢慢地去拥有强大的耐心。

投资者要在投资的过程中，慢慢地培养起自己那份超强的耐心。我们选择了去做投资，那么就要去坚持到投资成功！

（二）一定要有平和心

在这个投资市场里，总有一些投资者只要一盈利，就高兴得手舞足蹈，得意忘形地以为自己是股神了，对此我只能呵呵一笑；可一旦投资失败，又马上要死要活的，心情一落千丈，整天没精打采；其实在投资市场行情见好见坏都是很正常的事情，做投资总体上能不亏就知足吧。当然能够盈利就更完美了。所以我们投资者在做投资时一定要有一颗平和的心去看待得与失。这样才能在投资市场更好地生存盈利。

其实，我们只要不去急功近利，投资总的还是可以去获得比较好的盈利的，但是要达到盈利这个目标就必须要牢记：我们所有从投资市场获得的盈利，都是投资市场给予我们的。这里我们或多或少是因为自己一时的运气加上自己不停的努力，才成功的。

我们千万不要去好高骛远，要相信只要用一颗平和的心，平静看待得失，以长期投资的理念我们最终会盈利。

（三）一定要有自信心

在投资市场你要想成功，你要想盈利，就一定要有自信心，当然我们说的自信不是盲目不是自大这些。

投资最讲究的是"快""准""狠"三个字，但是能够做到以上几点的投资者并不多，因为这是那些投资高手的绝招。那些刚刚进入投资市场的投资者一定要调整好自己的心态，保持住一种自信的状态，打破自己那种"我不可能做到"的奇怪想法。

我们要知道作为人的我们，潜力是无穷无尽的，没有什么是我们做不到的。如果你自己天天给自己打上一个"我一定做不到"的奇怪标签，那么你永远无法达到自己的目的，你在这个相对公平的投资市场，别的投资者都可以盈利，为什么你就不可以？

我们要对自己有信心，有时候多去回想下李白的那一名句"天生我材必有用"，拿出你的勇气，坚定你自己的信念，你就一定可以在这个投资市场成功！别的投资者能够盈利，你也一定可以。

四、为什么要有良好的心态？

（一）为什么要有一种良好的心态，投资之道,当先治心

为什么要有一种良好的心态。事实上，心态对投资者来说可是非常重要的。曾经不计其数的大师能手，或仍在努力追求投资真正意义的投资者，都在谈论心态这一虚幻的，但意义重大的干扰点。

什么是好的投资心态？是看破红尘，心无所牵？为了克服人性的弱点，保持理性的思考？或者冷静，淡定从容？

有人说投资在他们眼中只是一种数字游戏。那么，有人能完全无视他们的改变吗？一位多年从事投资的朋友发现，无论他多么努力，都无法消除他的消极心态。他很沮丧，他注定要失败吗？事实上，投资者为利而来，必然心有所牵。利益导致的人性弱点，不是每个人都能完全消除的。更何况心如止水，无视一切利益波动的大境界。

那么，该如何去面对自己不同的心态变化呢？

一位投资多年的朋友告诉我，在投资过程中，他也会被不同的心态所困扰，例如亢奋、悲观、失望、紧张、激动等，但他知道这一切是必然要经历的，他已经慢慢适应了这一切。我看到了他的投资曲线，这是一条很漂亮的曲线，但我看不出他以前到底经历过什么样的心路历程。我知道这里面包含着许多故事，有对撤退的怀疑，对损失的沮丧，以及对未知的恐惧。当然，他在投资过程中了解了自己的各种心态，平静地接受了人性的洗礼，最终才走向胜利

的终点。而这其中的起起落落只有他自己知道。

因此，成功的投资者的心态不是不受干涉，而是能够更好地控制心态对情绪的影响，客观、冷静地进行投资。只要你在投资，心态就会一直伴随着你。你需要了解你的投资系统，了解它会给你带来什么样的心理变化。

例如，如果你是程序化投资，当你的曲线大幅上升时，你会知道你很有可能面临撤回。这种退缩会伴随着失落、挣扎、悔恨甚至痛苦，因为你是为了遵循投资系统而将失去很多的利润。你所能做的就只是看着它发生，这需要极大的毅力和自信。你需要去接受它，并确保当它发生时，你将不会被你的人性控制住，并设法挽救它。

主观投资也是一样的。你对投资策略有详细的分析，但当市场开始对你不利时，你需要了解你所面临的心态——怀疑、焦虑和对继续持仓的恐惧。你必须接受这种反应，并将其与你的决定分开。在这种心态下，你应该遵循你在投资前所设定的方法，客观地看待市场。随着时间的推移，你的适应性将帮助你适应这些消极的心态，并认识到它们的存在。以后，你的投资自然会变得客观和顺利。

因此，如果你不相信你的投资系统，对你在运行系统的过程中会出现的心理状态没有一个深刻的理解，你就无法实现知识和实践的统一，并取得稳定的收益。

如果你想成为一名成功的投资者，你需要了解你在投资过程中会经历什么样的心态，并保持足够冷静去接受它，适应它。总有一天，你的心理波动对你的影响会很小，你会平静地面对起起落落。最终，投资可能真的会变成一场数字游戏。通过投资，剖析自己的人性缺点，修身养性，这不正是投资的魅力所在吗？

（二）良好的心态源于对投资的正确认识

在当前的中国市场，多数投资者仍被短期投资所主宰。事实上，短期投资虽然有可能在短期内获得巨大的利润，但却是一件非常困难的事情。一般投资者想在短期投资中获利，这是很难做到的。这是因为大多数投资者常常陷入认知错误。

公平地说，中国市场还没有形成一套完全成熟的投资理论，其中许多来自外国、中国香港和中国台湾，不一定符合中国的实际情况，或者根本不适合中国的国情。它只有一个引用函数。

然而，许多人不明白这一点，把这些投资理论奉若神明，甚至亦步亦趋。这显然是非常不明智的行为，这样去做怎么会有不亏损的道理呢？

事实上，真正的投资者，依靠的不仅仅是书本上的知识，还有在各种学习和生活中的体验所凝聚而成的那一种感受，所慢慢形成的良好的理性运作心理。

这种心态来自时间的积累，来自各种知识的融合和升华。也就是说，来自比舶来理论更高层面的东西。这些东西，如果在表面上被理解，可能只是非常常见的方法和招式。也就是说，一些投资者所说的"有办法"，如果在更深的层次上理解和把握，它们会是融会贯通的、出神入化的、运用之妙存于一心的"无招"的东西。

所谓的"不动"，其实并不是意味着没有方法和招式，而是指用一种简单的技术去把所有的方法和招式整合在一起，成为一种发自心灵深处的素养，再也看不见原来的方法和招式，给人的一种感觉似乎就是对事事都无动于衷一样。没有方法有时候胜过一堆乱七八糟的办法，这里我指的是经历升华后的某一种状态。这种状态的获得，需要用心去体验、思考，是只能理解而无法去言说的事情。这是需要有更高的理解和丰富的生活体验，人们的理解并不完全取决于天赋，学习和实践往往比天赋更加重要。

因此，为了在市场中投资成功，就要达到一种无招胜有招的良好的心态和耐心，除了不断地学习和实践，不断积累经验，别无他法。

五、成功的投资者必须拥有的心理素质

（一）成功的投资者必备的几大心理素质

在市场上，上涨与下跌往往是交织在一起的，痛苦与欢乐也一样。但是，有的投资者一旦得不到自己想要的丰厚利润，就很容易情绪失落，情绪一旦失落，那么大多数投资者就容易产生一种悲观

惧怕的心理，这些心理很容易阻碍投资者的成功。事实上，如果大多数投资者养成良好心态，多去学习一些心理分析的知识，就很容易去面对一切困难。

（1）不害怕。举一个生活中的例子：两辆车在一条小路上迎面而来，若此时你心中越怕就越容易去和对方发生碰撞。投资买卖不外乎这两种情况：一种是盈利，另一种是亏损。只要自己认准的指标一旦出现买点一定要毫不犹豫地买，出现卖点时也一定要毫不犹豫地卖。不然你一方面怕亏损，另一方面又嫌盈利太少，又怕盈利回吐。如果你总是这样，就一定成不了什么气候。你这样还不如把钱存回银行呢，要有不怕亏死的精神，这样才有希望踏上投资坦途。

（2）不后悔。只有把输赢看成是兵家常事，这样才能下决心去设立自己的获利点及停损点。不管别人怎么说，都置之不理，这才是不后悔的真正意义。

如果要想去当一个成功的投资者，这就需要去学习。在亏损的时候，不要感到自尊心受伤，要去保持情绪的稳定。这样才能投资成功。在盈利时，不要去骄傲，更不能志得意满。在市场中如果因为一次小小的成功就踌躇满志，一次小小的失败就万念俱灰，那么你这样到头来结果都将是悲剧。

（3）不着急。老话说得好，"欲速则不达"。在市场上，假如广大的投资者没有足够的耐心，你们肯定是无法盈利的。可是在市场中，经常有一些投资者总是害怕自己会错过盈利的机遇，于是忽视了对市场分析和预测，来一通盲目操作。所以，在市场上大多数的投资者一定要耐心地去做投资，万万不可太过着急。

（二）心态对于投资有多重要？

投资首先是要选好自己的投资道路，是做技术分析、趋势投资还是价值投资。其次，心态的好坏是决定投资成功的重要基石。也是投资成功的前提。每一个投资高手他们心理素质都很好，因为高超的技术是需要不断去细致观察、总结的。

投资者没有好的心理素质，是根本学不到什么高超技术的。有一种心理素质不好却技术高超的人，难以长久成功。一次、两次靠运气的成功只会加快一个低素质人的彻底失败。

投资者技术的好坏是你知道多少正确的客观知识决定的。而心态的好坏就是在应用时能把知识正常发挥出多少。技术的学习需要好的心理素质，技术的发挥同样需要心理素质好。

"如果投资者一买就涨，持股状况总是绰绰有余，卖或不卖两可之间，谁的心态能不好。"这叫心情好，有的人，碰巧做好一只股票后，就扬扬得意、骄傲自大盲目乐观，这是心理素质差。同样的被套10%的人，心理素质不一样的人之间反应差别是巨大的，有的冷静，有的心里乱糟糟，不能正常地去做思维判断。

无论技术多好的人，无论运气多好的人在股票市场，判断失误，遭遇挫折都是常事，市场对每个人来说时刻都是新的挑战。市场需要智商，也需要情商。心态是一个大的"瓶颈"，它能限制你投资技术的发挥和资金管理的能力。

做其他工作的时候有压力往往更有动力，但是做投资做得压力大了就适得其反了。还有就是除了少数天生心理素质强些的人，很多人心态、纪律都是练出来的。

磨炼这个词就很形象，在一次次的交易、分析中自己不断地和自我辩论、争夺、冲突、说服、克制，慢慢地自我控制能力都加强了，但也有少数人崩溃了。练技术可能需要100次，练心态和纪律就得需要500次。练技术可能需要4年，练心态和纪律就需要10年或者更久。

六、投资为什么要敬畏市场忠于人性?

(一)投资要敬畏市场忠于人性

我觉得真正适合做投资的是郭靖。其实从心而论巴菲特、郭靖、阿甘这些都是一样的人，他们这些人天生就在人性上太有天赋了。他们无不是单纯、正直，很少有私心并且坚韧不拔。

其实大家都知道巴菲特成为美国首富之后，根本就没有改变自己的生活状态，每天照常开车去麦当劳买饭吃，阅读公司财报。

而郭靖成为大侠之后，也是为人、想法都没有什么变化，一直是勿忘初心。而阿甘，看上去是傻人有傻福，可背后却隐藏了极高的道德品德。

最关键的是，他们的品德从来就不是以财富、地位、能力等的变化而去改变。他们在少年时就有强大的人生使命感，后半辈子一直是在为此而追逐少年的人生理想。像他们这种人，才是真正最适合去做投资的人。

还有一些人是对哲学、历史、神学信仰都有深刻理解。他们会从更高的人生维度去看待人性，理解我们自身存在的弱点。

投资本质上只是一场数学游戏，这些人自己经历了几轮周期，对于人性有着非常深刻的认知和敬畏。

你要明白，最终你所做的这一切都会是内心世界的一个投射。你的投资方法，是否能够知行合一地去做到，这都来自强大的内心。

能够长期在投资市场取得盈利的，无疑是一定要有正确的价值观，也一定是能够克服人性上的弱点，对此我们自己要始终保持一颗敬畏的心。所以投资为什么要敬畏市场忠于人性，因为无论是投资、人生，要知道长期的快乐和成功都是源于人性的敬畏和投资市场的敬畏。

（二）投资者要长期保持谦逊和进取的投资心态

无论是做投资，还是人生，最让人害怕的恐怕就是自满了。在那一点小小的成就面前，感到骄傲、自大、过度自信都是会给未来带来一个毁灭性的打击。

要知道人性本身，对成功的追求不仅是满足物质需要的丰富，更多是希望通过一个成功来获得他人对自己的一个认可。所以，我们获得外部世界的赞美，本身也是大部分投资者进取的驱动力。

可是一旦过度，变得自满，这就会快速地毁灭每一个投资者。纵观历史，太多优秀的投资大师，都最终消亡，仅成为某一刻曾经闪耀过一时的流星。

所以无论是投资，还是实业，那些我们人类历史上曾经伟大的人物，有太多是最终被自己的自满和过度的骄傲，带进万丈深渊的。

投资者要长期去保持谦逊这真的很难，我们很多时候是可以去做到表面上的一个谦逊，可我们内心呢，却是始终无法真的放下。

只有多看书，多学习，才能明白自己在投资市场中是多么的渺小，这样我们才能真正地去做到谦逊，才能更好地在投资市场中保持内心的谦卑。

在投资市场我们要如何保持自己进取的精神？许多投资者在获得了一个初步成功之后，便不再像当初那样拼搏进取。对投资本身而言，短期的盈利只能依靠那小到可怜的运气，要想长期盈利只有一个久经投资市场考验的投资方法才行。如果投资者不再进取，那之后所有的投资业绩必会均值回归。

而保持进取最好的方法就是勿忘初心，要时时刻刻记住自己一开始到底是为什么才做投资的，我们应该将这看作我们真正热爱的事业，而不是简简单单盈利的工具。所有伟大的投资者，细观他们的投资生涯，无不是时刻保持着那颗投资的初心，并且始终铭记。

七、为什么成功的投资都是反人性的？

人性中天生存在以下一些偏向，而这些偏向在投资中是有百害而无一利的，这就需要我们去克服。

（1）努力偏向。我们明白成功就要努力工作，抓住所有机会。在投资中，这种心理状态却是万万不可以存在的。在投资中，我们必须要与市场保持距离，若即若离，了无挂碍，坦坦荡荡。这样才能避免比如：抢单、急躁、顾此失彼、孤注一掷等错误行为的出现。

这样我们才能真正抓住市场的机会。实际上，真正的市场机会经常是在你"努力"过后才到来的，让你每一次都扑个空。

（2）获利保守，亏损冒险的偏向。当价格向有利于投资者投资时，人性中天生存在着以下之中一些偏向会希望能够把盈利尽快确定下来，这就是所谓的"落袋为安"。当价格不利于投资者投资时，就会希望奇迹发生，不忍马上去止损，最终认输离场。这就是人性中最致命的弱点。华尔街有一句名言：截断亏损，让利润奔跑起来。实际上就是反人性的考验：输时要马上认赔，赢时需要忍住性子，克服心理波动，让利润自然奔跑。这样才可以做到"资金管理"中强调的：回报的风险比要大于2，甚至于要大于3。

（3）赌徒谬论的偏向。连续输了几把后就难免会下更大的赌注，而在连续赢了几把后就会下非常小的赌注。赌徒总是自己认为：在连续输局后，赢局会在某个角落等着我。连续赢局后，输局肯定会来。

这是一种错误的投资心理。根据资金管理的原则，连续输局后，投资者的资金总量会慢慢变少，即使保持同样的风险比，但是由于总量减少也应该去降低赌注。根据赌徒的方法，在一生投资生涯中，只要有输局后就会有连续的输局，投资生涯就会终止。资金管理的原则同样适用于连续赢局，因为连续赢局后资金总量会慢慢增大，即使是同样的风险比，赌注也应该慢慢增加。

（4）投资必须成功的偏向。投资者在确定某次投资时，事先都是花了很大功夫的，技术层面、基本层面、消息层面等一个都不能少。实际上，投资只是一个讲概率的心理游戏，那我们就应该以概率的眼光去处理投资问题，而不是着眼于某一件事的对错。

每次投资，都应该假设自己是错的，输了是很正常、盈利是惊喜的事。这才是正确的心理状态。这样才能避免死不认错，小错变成大错的悲剧发生。

为什么投资者在股票投资中很少能盈利？归根结底，是因为这是一个反人性的市场。股票投资的这种特性正是大部分投资者亏损的根本原因。投资者自身的问题经常是大部分投资者失败的根源所在。人在年轻时往往容易受到本能和欲望的支配。而投资刚好是反人性的。

很多投资者经常会忍受不了市场的诱惑和内心的贪婪，试图去抓住每一次的价格波动，看上去很聪明，实际上非常愚蠢。还有好多投资者由于一时的贪婪和一厢情愿，重仓出击，一次意外便搞得倾家荡产，欲哭无泪。还有更多的投资者在被套之后会心存侥幸而不愿止损，最终惨败出局。

一名优秀的投资者必须要具备平常心、耐心、勇气和坚韧这些品质。拥有一颗平常心是指股市、金钱仅仅是生活中的一小部分，投资只是一个小游戏，我们需要轻松、洒脱地去玩。耐心就是指我们去等待投资机会的耐心和持仓时候的耐心。勇气就是指我们入市时的勇气和持仓时的勇气。坚韧就是指我们屡败屡战、锲而不舍的决心和自信。

　　投资者应该主动地去适应市场，不断提高自我的人生境界以达到适应复杂的市场变化的状态。这一点落实到投资理念之上，就是我们要去主动适应市场趋势的变化。中国古代智慧对此有非常好的表达："天下大势之所趋，非人力之所能移也。"孟子也说过："虽有智慧，不如乘势。"从我这近20年一路走来的投资经历来看，我们每个人都是经历了一个慢慢认识自己、慢慢顺应市场的这样一个过程。

　　主动适应市场如果落实到交易操作之上，就会是一个很实在的概念了。我们可以来做一个简单的类比。从一开始，我们刚好处于"敌强我弱"的态势，采取游击战，"敌驻我扰、敌疲我打、敌进我退、敌退我追"的这种属于灵活的短线方法。接下来就会犯了冒险的错误，头脑发热，错误地去评估敌我关系，导致失败。这个就属于逆势重仓的投资了。然后历尽艰难、被迫保存实力。这属于主动地去做风险控制了。再后来去休养生息、慢慢养精蓄锐、对结果进行反思和总结。这个就属于顺势的轻仓投资了。最后当一切条件成熟、准备充分、趋势明显时，这个就属于顺势的重仓投资了。

　　在投资市场中，总有一些人即使短期盈利，志得意满表象下其实其内心世界是虚弱不安的，眼神是十分迷茫的，对未来是十分缺乏信心的；而有些人即使是阶段性做得不怎么好，其思路是足够清晰的，目标明确的，说话低调的，眼神淡定的，内心平静的，对未来是胸有成竹的。眼光、境界的差异都最终决定了每个人不同的交易人生。

八、为什么我们最怕去承认自己错了？

（一）投资之中最难的可能就在于去主动承认我们自己做错了

巴菲特曾经说过一句名言："成功的秘诀有三点，第一点：尽量地规避风险，保住自己资金；第二点：尽量地规避风险，保住自己的资金；第三点：坚决牢记第一、第二点。"

为什么巴菲特三句话里有两句是完全一样的。他这是在告诉我们，作为投资者的我们必须严格控制住投资风险，从而保证我们的资金安全。我们必须承认一件事情，投资确实有风险，但风险这种东西是可以控制的。可是有一些失控的风险我们是没有办法去控制的，我们必须去面对，哪怕这可能代价有点大。所以说，控制与失控之间永远只有一条红线，止损。可是为什么有那么多的投资者在亏损的风险来临时却不去止损，而让亏损风险恶化失控？很简单无外乎两点：

第一点：侥幸心理。很多投资者一看到趋势走势出现破位时，本应该去止损，可心里总是在犹豫。老是想再去看一看、等一等，意味着会有一个巨大的反转出现实现盈利，然后老是导致自己错过止损的大好时机。

第二点：当投资市场的价格在某一时间段内来回波动，那一定会让投资者心理犹豫不决或者出现不符合去止损的条件的时候去做止损。这样长期的错误的止损，会让投资者留下无法磨灭的阴影，从而动摇投资者在亏损风险来临时及时止损的决心和信心。

作为投资者的我们，当我们知道自己犯了错时，一定不要去犹豫怀疑什么，能立即止损出场，就马上去止损！切记，千万不要去给自己找一堆乱七八糟的借口，这是非常愚蠢可笑的行为。你要做的就是赶紧出场，保住自身不受到更大的亏损。

（二）对人性的高估是投资中亏损的根源

在投资市场的世界里，亏损就好像是一个看不见的幽灵，对每一个投资者都如影随形。投资其实就只存在两个结果：无非就是盈利和亏损。当我们盈利的时候总是心情愉悦的。可是当我们面临亏损时，该如何去妥善解决亏损问题，这就决定了一个投资者其长期的投资结果是盈利的还是亏损的。

说一个很常见的现象，当我们的投资发生账面上的亏损时很多投资者是会选择死扛着不止损，这样的做法就某一次投资来说可能不是错误的。因为的确是存在着可以把亏损扛回来转变盈利的情况。可一旦就某个时间周期内的投资结果来看，这很有可能是造成大多数投资者资金亏损的最主要原因。

对人性的高估是投资中亏损的根源所在。投资市场最容易的就是给人产生一种错觉，让我们去过高地估计自己的心态控制能力，过高地去估计自己的执行力。

投资可以说是多空的博弈，就是一个博心对弈的过程。单单从理论、经济理性人的角度来说，任何的投资者都不会在投资中产生亏损。但是亏损却总是无时无刻地发生在投资者身上，这是因为各方面的压力都会使投资者变得不再理性。有时候最浅显的道理，往往会让我们犯错的概率越高，这些往往都是发生在不经意间，这就是人性啊。

对于投资，作为投资者你无论是去追求胜率还是追求概率，都应该明白一点，人性才是投资之匙，当我们投资盈亏反复时，那种想赢怕输的心态起伏，才是每一个投资者需要去不断总结的地方。我们要学会怎么样去做投资，就要先学会做人，这背后是不关乎什么人生大道理的，这个只是因为克服人性中负面的一些因素是做好投资的最先决的条件。这也是我们大家一直在说的、在讨论的事情，投资者群体间是一个人畜无害、是一个非常适合交朋友的群体。

九、投资本身不复杂，复杂的是人心

（一）投资本身其实不复杂，复杂的反而是人心

任何一件事情都是要讲究一个度，稍欠一点火候又或者过犹不及就会让事情本身失去本来的一个面貌。对于投资者来说，拥有

一种客观分析的能力是投资成功的必要前提条件。而努力就是投资成功的一个最基本条件。可是我们不能太过了，一旦自己努力过头了或者偏了一点点就非常容易把投资变成一种投资上的学术研究，这样的话你是来投资市场盈利的，还是搞科学的？所以不要过了头了！

但我们也不能走向另外一种歧途，虽然拥有客观的分析能力是一件好事，可是这是一个变量不是定量，我们要跟着市场的变动而变化。我们的方向一旦不对，那么努力肯定白费，一旦我们把投资当成一种学术上的科研之后，我们会慢慢离投资本身越来越远，其实不管是所谓的投资理念也好，投资哲学也罢，它们的作用不是在于投资本身，抽象的投资理念给不出只盈利不亏损的进场点，而是在于投资心态，每当投资感到不顺利的时候我们可以给自己一个重回正轨的标杆。

投资本身不是一件复杂的事情，复杂的反而是人心，所以我们不能单纯地靠钻研技术来解决这个难题，指望可以利用所谓高胜率甚至于百分之百的胜率来规避我们的投资心态免受困扰，这本身就是一件很不现实的事情。投资一旦过度地沉迷于对技术的研究，反而会让投资者拎不清原本就是非涨即跌的简单逻辑。

（二）投资是一场人性的战争，你必须要对自己无比诚实

投资就跟生命一样，可生命的终结不是看你身体是如何的健康，是否有疾病，而是要看意外什么时候发生。我们要想活得够长，那就要注意自己的身体并且要尽量不让自己发生意外。投资也是一样的道理，投资的结果不是看你做得如何的好，而是要看别人做得怎么样。

当别人无法去克服人性的缺点而始终去犯错，那么你就要吸取经验尽量去克服人性的缺点少犯一点错。当你能这样做到，你就比别人更有优势，这就是提高投资胜率的方法。很多成功的投资者就是喜欢反向利用人性的缺点：人的贪念，少则得，多则惑。这些投资者就喜欢利用人的贪婪来制定自己的投资策略。

所有投资者都偏好复杂，总觉得亏损是自己学得不够多，那

么这个也就可以利用。所有投资者都喜欢向别人去证明自己投资的正确性，那么这也就可以利用。所有投资者都害怕去承认自己的亏损，害怕承认自己不够聪明，那这也就可以利用。所有投资者都有一个可笑的想法，亏损时总想去拉个人垫背，盈利时总爱和别人去比较。更害怕孤独，喜欢往人多的地方扎堆，爱盲目跟风，爱听风就是雨，爱五十步笑百步……爱寻找确定性，爱贪小便宜选打折货，爱把各种东西叠加，搞什么多功能组合，觉得功能越多越全面就越好……这些人性的缺点都是去可以利用的。

这些都是成功投资者制定投资方法的源泉，当然也是实现盈利的源泉。所以说投资本身其实不复杂，复杂的反而是人心。你必须要对自己无比诚实明白自己的缺点是什么，当你能克服人性的缺点去少犯错，并学会如何去利用，那么你盈利还远吗？

十、价值投资者应当具备的五要素

"在那些长期战胜市场大盘的经理人中，绝大多数都是始终如一的真正的价值投资者。"正如克里斯托弗·布朗所说，想要成为一名优秀的价值投资者，不仅应当长期反复实践投资理念，而且应当始终坚守投资原则，遵守投资纪律。

如果说投资是一场任重道远的远行，那么良好的投资习惯、投资心态，坚定的投资理念和正确的投资纪律就是这趟远行中的指南针，指引投资人通往正确彼岸。克里斯托弗·布朗在《投资的头号法则》一书中，总结了优秀投资者应当具备的五个要素。

第一，坚定投资理念，做出正确的投资决策。价值投资方法创造的利润不够轻巧，但却实惠可观。正如巴菲特所说，在实现高投资回报的路上，价值投资者需要具备独立判断能力，谨守价值投资的基本原则，做出正确的投资决策，避开市场带来的短期诱惑。

第二，敢于与众不同，保持独立。资本市场上充斥着噪声和杂音，有时难免会阻碍投资决策，因此价值投资者需要保持独立的思考与判断，深入调查研究，勤于学习，能够善于发现价格低于价值的优质企业，并且果断买入。

第三，警惕过度自信。过度自信是许多投资者经常出现的一种心理误区。这类投资者往往保持较高的换手率，经常调整手里的投资组合，投机性较强。事实上，短期的估价是不可预测的，但从长期来看，股价趋于随着公司价值变动而波动。投资者买入股票并不是积存纸片，而是在获取相应公司的所有权。在进行投资时，投资者可以把自己想象成一个正在收购整家公司的生意人。

第四，坚定投资目标，保持稳定心态。当市场出现波动时，相关标的的股价会受到影响，投资者信心会有所动摇。因此，往往会出现这样一种情况：当市场上涨时，投资者争前恐后入场，而在市场下跌时仓皇逃出。价值投资者具有明确的投资目标，不因所持有的股票暂时表现不佳就急于抛弃它，而应对其保持足够的耐心，最终将会获得丰厚的回报。无论市场涨跌，都应该保持一个良好、稳定的心境和思维。

第五，把握安全边际，尽可能保守严谨。真正价值投资者的本性是成为一个保守主义者。克里斯托弗·布朗认为，谨守安全边际，在投资中保守行事，能够弥补投资人评估价值时估算错误的风险，同时能够弥补股市大幅下挫甚至更惨烈时出现的风险。相比成长型投资近在咫尺的收益，价值投资更像是一趟终点令人无比惬意的长途旅行，而不是一次海滩上的饭后小憩。

第五节　投资要敢于与众不同

一、真正的投资者与常人的投资思维有何不同？

（一）有何不同

第一，从概念上说。

投资做得好的人是指有比较好的投资方法的人，投资比较轻松愉快还盈利，通过投资人生价值在一定程度得到实现。投资做得不好的人是指那些没有掌握好的投资方法的人，投资又忙又累付出了时间和精力还亏损，闹得家庭不和，经济窘困，有的甚至倾家荡产，严重影响了正常工作和生活。

第二，从原因上说。

同样是投资，为什么结果却是如此不同，有天壤之别？成功的投资者每一次投资，都是要通过正确的分析研判，严格执行自己的计划，认真总结。一次又一次正确的投资，积累和成就了他们的成功。而失败者的每一次投资，缺乏正确的分析研判，没有符合实际的投资计划，或者投资只是凭感觉而随意买卖。

第三，从选股思维上比较。

成功的投资者和失败的投资者，在思维上有哪些不同呢？主要有三点：

一是依据的投资方法不一样。我们知道，投资的方法分为基本面分析和技术面分析。一般地说，投资做得好的人，既注重基本面分析，也注重技术面分析，二者是结合的。投资做得不好的人，有的只重视基本面，有的只重视技术面，还有的基本面技术面都不懂，这怎么行呢？

二是关注的投资重点不一样。不论投资好的人还是投资不好的人，都希望选上能够赢利。但关注点不一样，前者运用波浪理论和主力资金运作的投资理论，选择和关注的重点是处于相对低位，股价已进入主升浪和拉升期的股票，他们选出的股票，基本面要过硬，技术面也有理论依据。而后者选股时，关注的要么是基本面上，凭感觉猜测，什么政策出台了，此类股票一定涨，那个企业盈利了绩优股，这只股票一定涨；要么在技术面上，凭简单的金叉死叉就认为此股票肯定涨，马上选准并买进。这些朋友们的投资常常带有盲目冲动。

三是是否统筹全局不一样。成功的投资者，不单是选什么股。在他们的选股过程中，都要兼顾看、选、买、卖四个环节。例如，投资前看大盘，如果大盘是上涨趋势，那就选，不仅要选出目标股，还要选出买点在哪，用多少资金买，什么时候买，一旦买入后不涨反跌怎么办，卖出点在哪，要统筹谋划，制定具体操作计划。如果大盘是下跌或横盘趋势，那就选都不用选，休息吧，因为大盘股指和个股股价是不断变化的，你现在选了，过一段时间变得认都不认识了，有什么意义呢？而投资不好的朋友，则是投资就是投资，喜欢就买入，至于大盘怎么样，什么时候卖，到时候再说吧。总之，投资思维和表现不同，造成投资结果也不同。

（二）投资做得好的人都是对自己诚实的人

先讲一个小故事，在20世纪80年代的时候有一个华侨算是衣锦还乡了，给自己家的亲戚每家送一台彩电，走的时候还在城里存了3000美元。他一个侄子有一次陪他去银行，这侄子无意瞥了一眼存款的数额，可他看到的却是3亿元。很多年以后，华侨老死了，可他的侄子却是一直惦记着那3亿元。老华侨无子无女，侄子费了好大功夫才搞到了老华侨的财产继承文书，可当他去提交给银行时，银行告诉他只有小小的3000美元。他怎么可能相信，他坚信自己看到的是3亿元，一定是银行的问题，怀疑银行是贼，要去与银行打官司。最后省级人民银行外管局出了一个证明，80年代当时全省外汇存额也没有1000万，哪里来的3亿元！很显然他是看错了。

为什么会有这样天大的笑话，都是一时的欲念狂想迷住了自己的眼啊。做投资的我们也不能被欲望迷住了心。诚然我们都会有很多美好的想法，也可能会有很多的难处，虽然它们有些都能用钱来化解或去实现，可我们都很缺钱，毕竟它总是稀缺的。但作为投资者的我们不能因为钱而失去了一颗诚实的心，丧失了理性，失去了耐心。

做投资时，眼前跳跃着涨停，眼睛里只有贪婪和满满的羡慕，脑袋在不停地转动着，把所谓的欲念当逻辑，把可笑的贪婪当理性，似乎头头是道，实则就像那个华侨的侄子，眼里全是幻觉。你真的懂如何投资吗？真的知道市场的变化吗？你的那些逻辑真的可靠吗？你不要去犟嘴，实则你的理由一点都站不住脚，狗屁不通。我们都是过来人，也是从幻觉中慢慢走过来的，这些我都知道。

所以，真正的投资者与常人的投资思维的不同之处就在于他们对自己诚实，明白多少事就做多少事，从来都是实事求是。不去眼馋什么，也不会因为一时得到多少利益而膨胀。

二、投资要敢于与众不同

"为了成就伟大，追求杰出投资表现，你是否敢于去做一切为了这个目标而必须做的事？你是否愿意与众不同，是否愿意犯错误？"著名的投资大师霍华德·马克斯在分享自己的投资秘诀时表示，投资要敢于与众不同，敢于试错，在擅长的细分领域专注做好自己认为大概率获胜的事情。

与投资中的冒险主义不同，霍华德·马克斯所倡导的"敢于与众不同"，希望投资者能够运用自己的专业知识，科学分析研究，尽量构建一个不同于绝大多数投资者的投资组合，且能够合理控制风险。

事实上，"你不能做与别人同样的事情，却奢求更好的结果"。霍华德·马克斯在2006年投资备忘录中重点强调了"做与众不同的投资"的几个方面：一是认清投资的本质，没有任何一项成功的投资是简单且容易的事情。波云诡谲的市场环境中，优秀的投资人应当理性看待市场的有效性，最主要的投资决策不是以价格为本，而是以价值为本，努力长期制胜。二是成功的秘诀都在于控制风险并避免犯错，且敢于犯错。任何人都不想失败，但在努力获得优异表现的过程中我们却难免会遭遇失败。我们在尝试实现卓越投资表现时必须接受犯错的可能性。三是大体准确地估算价值。投资若想取得切实成功，对内在价值的准确估计是根本出发点。价值投资就是以低于内在价值的价格买进，以高于内在价值的价格卖出。对于优秀的投资者而言，低于价值买进是最可靠的盈利途径，也是限制风险的关键因素。因此，对内在价值大体准确的估计是关键，必须严谨，并以所有可用的信息为基础。四是需要有第二层次思维，逆向投资，不从众。优秀的投资者想要取得超过一般投资者的成绩，必须有比群体共识更加深入的思考，明确投资目标，克服心理因素，深刻理解市场规律的同时，不断提升市场洞察力、直觉、价值观念和心理意识，提升逆向思维、精选个股的能力。

第五章 投资的升华与境界

一、投资是一个人的修行

（一）投资是一个人的修行

投资和其他职业不同，付出和回报永远不成正比。艰辛程度更是一般人未必能承受的，这也是为什么股票市场里面七亏二平一赢的原因。如果你是教师，多年后你可以桃李满天下，即使没有谋得高位，也受人尊敬爱戴。如果你是从政者，多年积累人脉，足可以让你得到应有的回报。如果你是工程师，多年积累的技术经验，可以让你成为某一领域专家。而投资跟这些职业都不同，是完全的结果论，即使你投资三年、五年、十年，如果没赚钱，那么你这些经验没有意义。

（1）投资很难得到支持。

目前，整个中国社会对股票存在严重的误解，对很多人来说投资股票就是好逸恶劳，投股票就是买彩票，或者投股票就是在变相赌博。在这种社会环境下，想成为一个职业股民需要承担很大的心理负担。

（2）投资是"靠天吃饭"的。

有人说："炒股就是三年不开张，开张吃三年。"虽然有些夸张，但不无道理。如果真的是三年不开张，甚至亏损，又有几人能够撑过这三年呢？

（3）投资是反人性的。

当我们大赚时，我们一定会激动万分，不断加仓，结果一个深度回调，获利全部吐出来，还会被套牢。当我们被套牢后，又十分愤怒，全盘托出，殊死一搏，结果被套得更牢。其实，这都是人类正常的情绪发泄。但是作为股票投资者不可以有一点这些情绪发泄，要时刻保持理智，不以涨跌而喜悲。

（4）时刻都需要抉择。

投资像是漂泊在茫茫大海上的孤舟，没有一个人会告诉你哪里会是彼岸。散户大部分时间都处在一个迷茫的状态，买进后就跌，卖出后就涨，空仓后就踏空，全仓后就套牢。市场中每天充斥着各种消息，而这些消息对于股市的影响有多大？谁也没有办法给出一个准确的答案。

（二）股市又是相对公平的战场

（1）股市中没有人情。

现代社会，有多少人厌倦了工作中虚假的人际情感关系，人情往来。而投股票与这些完全不同，完全可以撕掉身上虚伪伪装的面具，一个人把大门紧紧关上，一头钻进股市，按照自己的想法和计划买卖。

（2）股市中没有家世出身。

对于有工作经验和生活阅历的人来说，这点深有体会。其实，很多人最开始投身股市的原因就在于此，工作中由于机遇或者家庭出身的原因，遇到难以突破的"瓶颈"，便寄希望于炒股进行一搏。

（3）股市只有赚和亏这两种情况。

对于这种观点很多人可能会不同意，认为股市中存在不少见不得人的勾当。虽然这点不可否认，但是试问哪个行业又不是这样的情况呢？能够随意操纵一只股票的涨跌的大资金毕竟是少数，除此之外十万、百万甚至千万对于股市来说有什么大的差别吗？

总之，投资股票是一条非常艰辛痛苦的道路，一将功成万骨枯，如果你想实现自己的财务自由，那么什么都不要去说，好好努力吧，路漫漫其修远兮。值得我们庆幸的是，一旦你坚持下来最后成功了，那么这一切又都是完全值得的，你会得到你想要的自由。

（三）投资过程中要学会自我约束

（1）做投资要学会保持平静。

投资者就像拳手，市场随时都会给你来一番重击，你不能着急，必须学会保持平静。当你亏损时，说明情况对你不利，别急别急，慢慢来慢慢来。你必须把亏损降到最低尽可能保持住自己的资本。当你遭受重大损失时你的情绪必定会大受影响，你必须减量或马上停止交易，隔段时间再去认真考虑下一笔交易。

（2）最糟糕的交易源于冲动。

从事投资最错误的事情就是过分冲动，任何人都应该根据自己既定的投资信号进行，千万不要因为一时冲动而仓促去改变投资策略，因此，不要冲动是风险控制的第一要素。

（3）不要被获利的喜悦冲昏了头脑。

要知道，天下最难的就是持续保持获利，一旦赚到钱你就会去期望如何赚到更多的钱，这样一来你就会忘记风险，就不会怀疑既定投资原则的正确性，这就是导致自我毁灭的根本原因。因此，你必须时刻保持谨慎，亏钱要十分谨慎，赚钱更要十分的谨慎。

无论你遭受什么样的挫折，心中都难免会很难受，大部分投资者在遭受重大亏损时，总希望立即扳回一局，因此单量就越做越大，想一举挽回劣势。一旦你这样去做，从开始就注定了你要失败。在遭受打击之后，最正确的做法是立即减少交易量或马上去停止交易，你所需要的并不是赚多少钱来弥补亏损，而是重拾自己对投资的信心，这才是最重要的事情。

二、不合群的人才是真正的"明白人"

（一）学会"不合群"才是真正的"明白人"，也是你的内心变强大的一个开始

在我们的生活之中有些人非常害怕自己与他人有什么不同，所以他们总是会去想要追求与别人的一个认同，哪怕只是一个小小的

认同。殊不知，这反而是自己内心脆弱与自卑的表现啊。所以说那些不合群的人才是真正的"明白人"。

人生的最高境界：是学会宁静致远，去静默安然，平静地看待人生之中所有的一切，独立自主，不去盲目从众、人云亦云，更不去强行融入那些不属于自己的圈子。

叔本华曾经说过：只有当一个人独处之时，他才可以真正完全地成为自己。当你有一天不去盲目地合群，去学会忠于内心之时，这个时候才是你真正认清自己的开始。

一个内心真正强大的人，是不会去刻意追求合群的。在现实生活中我们有时候也会发现那些内心越是强大的人，就多少有些不合群，他们喜欢去享受独处，并在自我的独处中去思考去学会和自我相处，从而找到那个属于自己内心的定力。

他们是不会让那些无用的社交，去浪费自己宝贵的精力。他们更愿意去把自己宝贵的时间花到提升自我中，去学会让自己静心地思考，不断地持续积累自己想要拥有的技能。

（二）成功的投资者往往是孤独的

我曾经在一个股票投资交流群待过，记得有一次，那时候群里正热火朝天讨论某一位"大神"的投资方法——他在某一个时间内短时间净值翻了5倍。众人讨论得非常兴奋，有的人还可能对其产生了一点崇拜心理。

可万万没有想到的是，一位群友说：一年盈利5倍者如过江之鲫，5年盈利1倍者却没有几个人。就这么一瞬间，他的话语便淹没在新的消息里。

后来，我在媒体上又看到了这句话，是他写的文章。他非常详细地去阐述了这其中的一个逻辑，非常客观具体。事后他把他的文章去转到那个群里，可悲的是依然没有一个人去关注，人们都是喜欢在短时间内可以立马实现暴利的方法。

我无法明白他的感受，作为一个旁观者的我，我却能从这一件事中感受到一种孤单与落寞。

有些时候，我们可能会突然地发现，当我们想认真去阐述自己的观点时，是没有人愿意听和理解的。所以，才会有人说：孤独是发自灵魂的散发，是理性的落寞，更是思想的高度，人生的境界。而做投资的顶级高手，也正是因为这种与常人不同的人生境界，所以才变得更加孤独。

那些孤独的顶级投资者会去自成一个属于自己的世界、自成自己的一个体系，自己去独立思考。因为他们知道，存在于自我脑海之中的精神世界才是属于自己更大的舞台。因为那里，他可以去面对最真实的那个自己。

（三）真正聪明的投资者，往往不是不合群，而是更喜欢一个人独处

人啊这辈子太不容易了，我们又何必为了显得"合群"而去合群呢？在这个繁华和喧嚣的年代里，能够让自己静下心来与自己独处，去享受独属于自己一个人的世界，那将是对自我心灵的一种净化啊。

其实人和人之间的交往的最高境界就是相处不累，你我合得来就在一起是个朋友，合不来也不去强求什么，那些真正活得明明白白的人，大部分都是有点不太合群的。他们明白：做什么都不如去做自己好，"合群与否"都没有关系。因为人生中，总有一些路是需要一个人慢慢去走一辈子的。

为什么那些真正活得明明白白的人从不会去凑什么热闹呢？因为他们知道如何把更多的时间和精力去放在用来完善自身和去追求自己热爱的事物，让自己不断变得更好。

亦舒曾经说过，我们不快乐很重要的一个原因之一，是不知道如何安静地待在房间里，去心平气和地与自己相处。独处其实是一种清欢，更是一场修行，做一个不怎么合群的人，没什么不好。真正聪明的人，是非常喜欢独处的。

三、做一个安静的投资者

我投资已有十多年了，有过盈利时辉煌的一面，也有亏损时暗自神伤的一面，这些年来，虽然不是大富大贵，但至少是不用去为

日常的生计而烦忧。

这些年来我一直很感谢投资，在这投资的过程中他所教会我的，可不只是如何去更好地投资盈利，更重要的是如何去识人，可以说投资所真正教会我的，是如何去更好地做人。

投资市场不像是一场普普通通的比赛，这是一个吃人的市场，很多人对此都有感受。所以在这个投资市场，理智就显得非常珍贵了。安安静静地去做投资，这是非常重要的一件事情，这样可以让你保持一种冷静客观，理智地去观察，从容地去处理问题的态度。

我们可以好好问自己一个问题，做投资时我们到底有没有去安安静静阅读过那些上市公司的财报，到底有没有去仔细看看券商的研报，到底有没有去好好搜集那些公司发展情况的新闻。

再好好地试问一下自己，平时生活里，到底有没有安安静静地去选择做上那么几件自己所喜欢的事。例如听电台，出去走走看看这个世界的，也可以学学摄影，又或者去约上那么三五个好友去钓钓鱼，哪怕是自己一个人安安静静地发下呆也好。说这些是要让你明白，有一个安静的性格是可以去造就你那处变不惊、临危不乱的做事风格和对待事物的态度。

在投资市场中，这样的一个性格显得格外的重要，这个市场是要求投资者始终保持一种理性，才能更好地盈利，而要做到只能是内心足够安静。

你要明白，投资始终是那一小部分的投资者盈利那一大部分投资者钱的市场行为。最可笑的一件事，莫过于你认为自己是那一小部分的投资者，可结果自己是一大部分投资者的一员。

也许从某一时间来看，你是那一小部分的投资者，五年后呢，十年后呢，能够真正长期盈利不怎么亏损的又有几个？做了这么多年的投资，我不能去保证自己不再做投资的那一天，是不是亏损到只剩一条底裤。你要明白一件事情盈利的永远是少数，长期盈利的那是人中龙凤，而这些少数的投资者他们所言所行会和普通投资者必有所不同。

要想好好地抵御住投资市场各种诱惑，那些新闻媒体的各种聒噪与鼓吹，如果没有足够的耐心和坚强的意志的话，你非常容易在投资市场迷失了自己，亏损就是很正常的事情了。

这么多年来，当我每做一笔投资，我所期待的是短期能给我带来百分百回报，可结果都是让我亏损资金和时间。可当我不怎么去理会，只想他给我带来20%回报的，结果都是能盈利的，有时候还能够给我带来小小的惊喜，可以说，能在投资市场盈利的，都是不去强求结果，安安静静睡得踏实的人。

正如我开头所说，在投资市场从如何投资盈利到识人，再从如何识人到学会做人，这些年来我所收获的不是在投资市场盈利了多少，而是学会如何去做个正直不贪婪的人。

在这个投资市场，看过太多投资者在投资市场盈利不少，可在生活中他们过得不尽如人意。也有不少投资者，在投资市场中被打趴在地，最终活得完全不像个人样。

可也有的投资者，在投资市场中平平稳稳，生活中乐趣无穷。所以，投资千万不要去强求一个结果，不要人云亦云，用心去做一个安静的投资者就可以了。

四、有多"安静"，你在股市里就会多成功

投资只不过是一场关于如何去衡量胜算的一场游戏，你唯一要做的事情就是去计算自己每一笔投资的风险所带来的报酬比例。

并且去判断你做的这笔投资是否真的值得，是否对得起你的投资。在这之后的事情就是去投入你所能承受的风险范围内的资金。

你要永远记住一点，无论如何都要给自己卜一次去投资的机会，因为你永远不知道自己的投资是盈利还是亏损。给自己留一条退路，在投资市场里是永远正确的真理。

巴菲特曾经说过："没有人愿意慢慢变富。"

没错，这正是巴菲特最厉害的一个地方，他之所以比大部分的投资者厉害，就是因为他有着常人所没有的更大的格局，更多的耐心，以及超级强的自律能力。

我认识两位在投资市场纵横20多年的顶尖投资高手，他们有一个共同的特点，就是特别喜欢用巴菲特的一句话，做投资最重要的两个原则：第一个就是去保本，第二个就是牢牢记住第一点。

从投资的角度来看，"破位减仓、止损清仓"这两个投资最重要的投资方法经常会被投资者忘记，大部分的投资者会把99%的注意力都放在如何去投资上，而很少会去思考什么善终的问题。

这就是投资者和非常多投资者化机构最要命的弱点啊。可以说，99%被套的投资者都是因为没有能够去及时止盈止损而造成的，被套前那么多机会可以逃离，你还去贪，那亏损就是活该。

在我们现实生活之中，各种各样的物欲横流，这是我们任何人都没有办法去回避的大环境。你是一个人，你生来就存有欲望。在生活和工作中我们可以巧用先人后己的法则，想尽办法先去满足他人的欲望，那么自己盈点利，出那么一点小小的名气，再捞个什么鬼的职位，这在生活工作中是非常容易的事。

可投资不一样，它是一块"试金石"，不管在现实生活中你是有多么的牛，有多少的资金，名气有多么的大，多么的聪明，在投资市场你是否有真本事，在这里一试便知，根本藏不住。

有非常多的投资者在平时生活里可是如鱼得水啊，赚利了不知道多少钱，一副信心满满的样子拿上个几百上千万到投资市场搞一下，结果到最后发现只剩了个零头，自信心被打击得那个苦啊！

在平时生活中那些不愿意去卑躬屈膝、又有那么一点志向和抱负的人，投资市场是可以成为他们唯一去和他人公平竞争的竞技场。

我们每一个投资者，一旦进入投资市场，就会从自己内心深处萌生出一种强大的力量。这种能量是一种正能量，是每一个人自我价值实现的冲动，也是社会进步的动力，但是我们该如何去把这种动力化为我们在投资市场的生产力，这是值得我们每一个投资者不断思考的一个方向。

静，是每一个投资者最需要的品质。在投资市场，每一个投资者都会有自己的投资方法。投资市场的不幸者之间有各种各样的不幸，可成功的投资都是一样的，他专门做一门功课，坚韧不拔的坚持，到最后完成自身强大的一个完美转身，从而走向成功之路。

投资者一定要学会如何去安静地投资，倾听自己内心深处的声音，在这一片混沌中去看清投资市场的真相。更要去学会如何坚守住自己的信念，在投资市场中要智慧地生存，淡泊心静，心静志向明。这样就能在投资市场长期生存下去，才能更好地盈利。

五、空仓是一种境界

如果说，你保持空仓的状态，在投资市场下降行情阶段，你的投资没缩水，你可以从另外的角度来看一看，你是在增加自己的投资资本。

虽然，投资市场下降行情也有不少上升的股，也有投资者在投资市场下降行情阶段，资产不缩水还增加不少。可你要明白自己是否有这样一个能力，有这样的稳定性，有这么大的胆？如果没有，什么也不要说，回到开始，没有参与，就没有亏损。

何为空仓？不投资就是空仓，看着正确其实不是，能在高点离场，这才叫作空仓。

举一个例子，如果你在3000点空仓，投资市场下降到2900点反弹，那时你参与投资，你的盈利起点是什么？当然是3000点，而不是2900点。这就是说，你投资的基础是比别的投资者高100点，这利就是这么来的，是空仓思维所带来的。所以说，只要你合理运用好空仓思维，无论你怎么被套，也是能够通过空仓思维和投资方法实现盈利。

空是一门很大的学问，值得好好学习，领会其中的奥妙，受益无穷，所以才说空仓才是投资的最高境界。

不管是哪国的投资市场，你如果不懂得空仓，是很难实现投资盈利的。虽然说美国投资市场是"十年长牛"，非常的强。可道琼斯工业指数所采样的只是美投资市场中最为质优的那些，根本就不能完完全全代表美国投资市场。当熊市来临时，任何国家的投资市场也会受不了，何况是美国投资市场，不投资市场"快速下降"就奇怪了。投资市场充满了不可预测性，就算有好的投资机会，实现大盈利也是十分的困难。

我们只能去做的一件事情，就是好好地顺应趋势，顺应投资市场的变化，该空仓时就不要贪婪，马上空仓，特别是投资市场存在变化性风险、金融危机式风险时。

投资者进入投资市场目标是一致的，就是为了盈利，所有人都一样，根本就不可能说只是进来玩玩就走，或只为做慈善，不可能。没有投资系统和方法，就是在投资市场赤手空搏，这是非常劣势和愚蠢的行为，所以我们要去学会好好规划自己的投资系统和投资方法。

空仓看上去是什么都没有做，没错是没有什么，但其实在金融危机、市场震荡时，不动空仓，就是投资的最大胜利。空仓是一种投资的境界，只会投资不会空仓的投资者，永远成为不了一个合格的投资者，当然就算是一个专业的投资者不懂得如何空仓，也成不了一个顶级的投资者。

空仓是一个投资的境界，不是失去投资机会，而是在等待时机好顺势而为，这样才能成大器。

六、投资系统不是越复杂越好

（一）好的投资系统不是越复杂越好，大道至简

在偌大的月饼礼盒里面装的，能吃到嘴里面去也就巴掌那么大的一块月饼。不管是任何事物能够真正解决问题的其实根本就不需要那外表绚丽的包装，这世间万事万物皆是如此。

投资市场行情是瞬息万变的，这是所有投资资金相互角力后所产生的结果。当我们去分析自己投资亏损的原因时，基本上都会去归咎于影响投资市场行情各种因素的复杂性以及价格走势的一个不确定性。

这样投资者就开始去寻求一个更加复杂的方法来解决这两个复杂的问题，最后来来回回用一个更加复杂的方法去解决之前复杂的问题，把自己搞得乱七八糟的。

我们之所以会说投资市场行情是会不断重演的，是因为在这个投资市场里无论经过10年、20年还是更久人性都始终是不会变的。

我们经常会忽视投资者自身情绪上的因素，而去寄望于那些通过堆砌一堆复杂的技术指标和什么鬼之类的数学模型来解决这些问题时，可以说这基本上是注定了一个缘木求鱼的结果。

当你在投资市场里慢慢学会了一堆技术分析后，那么你后面可

能最需要做的就是学会怎么样去忘掉你所学到的这一堆东西。而不是去进一步深入地研究该怎么样去把它们堆砌得更复杂，要知道越简单的东西，越是容易去制订投资计划和执行投资计划。

所以不要让自己的投资系统太复杂，你是盈利的，不是搞科研的，实用高效就好。

（二）好的投资系统，风险一定是可控可知的

投资所造成的亏损有两个方面，一方面来自投资亏损的一个无限放大，另一方面就是来自盈利时太早的止盈了。

守住资金是投资的第一步，也是最重要的一步。守住自己的资金最关键的地方就是去控制住亏损。因此，一个投资系统的首要任务，并且最重要的一点就一定是能控制住亏损的。

只有对最坏的结果有了一定的认知，在大概什么时候去止盈止损，能大概盈利亏损多少。一旦有了去做最坏的打算了，这样我们才有信心去努力争取一个最好的投资结果出来，这样我们也就更容易去坚定地执行了。

不管怎么样我们一定要站在绝对客观的角度上去对待投资，一笔投资风险是各半的，投资盈利的关键之处就是如何去做好风险管理。一旦学会了如何去控制住了亏损也就与守住了盈利没什么差别了。这不是说，我们应该怎么样去避免一个亏损，只去盈利，这个观点是错误的。

要知道盈利的空间是可以无限放大的，可亏损的空间一定是明确的有限的，也就是我们要用有限的亏损去博取那个无限的盈利空间，这也是把投资区别于赌博的最重要的一个地方。而好的投资系统就是让我们做到这一点。

（三）好的投资系统一定是明了并且无趣的

一个合理的投资系统给予投资者可以预测的空间非常小，如何去做的空间也非常小。

你的投资系统是在不停的投资里，反反复复亏损盈利之后结合自身的问题和投资市场的实际条件总结出来的。

所以，这样的投资系统止损点是明确的，止盈点也是明确的，

资金管理规则更是明确的。这样你会失去了那种追求一夜暴富的刺激感，一切回归理性，慢慢变得无趣，而唯一有趣的也就是你盈利的时候。

当你构建完自己的一个投资系统之后，你也就剩下了类似于机械化式的执行，而没有了个人英雄式的市场预测，更没有了那种英雄般的虚荣和满足感。

对投资者来说不是在等待一个开仓消息，就是在慢慢等待平仓的消息，这样的投资过程也会慢慢变成一个令人难以想象的枯燥与无趣。不过要想在投资市场长期盈利，你也只能这样，去始终坚信自己的投资系统。

七、投资是取舍的艺术

（一）投资是取与舍之间的艺术

为什么投资是取与舍之间的艺术，你很有可能会问，从事投资的投资者本来就是为了财富自由以及人身自由而来到投资市场，为何说要舍去我们的自由？这舍去自由，其实是恪守自律！所有外在世界的自由皆来自我们自身的自律性，市场不是用自由的行为就可以去盈利，实现自由的财富。其实在每一笔不是盈利就是亏损的投资中，我们从失败中仔细找出亏损的原因其实一点也不难，难的是我们怎么样去让这个错误不再总是不停地重犯。

要找出盈利的原因这就更容易了，可是有一个问题，我们怎么样才能让盈利一直持续下去。从人的本性来说，让盈利持续下去这可是比让错误不再不停重犯更难。亏损的原因千千万，各种各样的亏损原因在投资市场里我也见得多了。而盈利的原因则肯定是无一例外都恪守了投资规则和投资系统，即使是我们始终坚守一条均线，也是足够我们在这个投资市场有所斩获了。

投资规则是远比那些心血来潮的"神来之笔"更有效果的，成熟的投资者其盈利从来都不是靠什么神来的某一笔，也不是靠运气这种不可靠的东西。真正长期的盈利是产生于源源不断的每一笔小投资小盈利所滚动成的一点一点复利，持续的盈利的背后一定是能持续地遵守投资规则和投资系统，这也是复利能够产生效果的前提。所谓成功的投资者，都是自律的交易者，莫不是如此。所以不要在这个投资市场强调什么自由，你要自由不如去旅游。在这个投资市场里，要求你自律，万分小心，敬畏等。当你能够做到这些，盈利只不过是一个时间而已。该来的总会来的。

（二）从来就没有人天生适合做投资，只是有些人跳出了自己的舒适区

这个市场有太多的诱惑，尤其是金钱的诱惑，任何人很难会不失去自我和理性。从刚进入投资市场的新手到投资老手，从不断笃信投资技术到去慢慢尝试着磨炼自己的投资心态，这个成长的过程基本上可以过滤完所有的投资者。最终你会看到那些留在投资市场长期盈利的投资者，在取与舍之间，放弃了自己的自由和自己的舒适区，严于律己，这才最终获得盈利！从来就没有人是天生适合做投资的，只不过是有一些人，他们跳出了自己的舒适区。良好的投资心态最终决定了我们投资的结果，而所谓良好的心态无外乎去控制我们自己的欲望和信任自己的投资系统。当然，要想去触动人的灵魂那太容易了，可是要去触动人的利益那就太难了。

人自身最大的舒适来自我们随心所欲的想法和习惯，当我们要去控制自己的欲望时往往就会产生非常大的不适感。投资系统存在一个最大的问题就是不是包治百病的灵丹妙药，连续的亏损发生时会让投资者很自然地对投资系统产生怀疑。怀疑本来就是人类认识世界并取得进步的重要因素之一。

但是，在投资市场来说，一旦有一点怀疑就意味着破坏了整个投资系统的一致性，破坏了投资系统一致性就意味着你付出了前两次的亏损之后很容易就会错过即将到来的第三次投资市场行情，没有什么比错过行情更难原谅，可你也只能后悔。去坚决止损是可以保护本金，但是错过行情就意味着永远不会盈利。所以短期的亏损不要去怀疑，坚持自己的投资规划，对的永远会对，该盈利的就一定会盈利。相信市场，相信自己经过市场检验的投资系统。

有的人投资做得非常好，根本就不是他的天赋比别人高，而是当你在为一点点亏损而肆意地发泄自己的喜怒哀乐时，不能够理

性投资的时候，他们却是在默默忍受着欲望和怀疑的煎熬。永远要记住，财务自由的代价和前提就是对投资心理和投资行为的有效约束。

八、趋势判断力决定你的一生

（一）成为投资高手提高自控力的六个方法

（1）明确自己的人生目标和交易目标。

对该做的和不该做的有清晰的认识，使自己的行为服务于目标。例如，股票的哪方面引起了你特别的注意？你对交易到底有多大兴趣？交易是一种休闲嗜好，还是必须爬到顶端？对这个领域你知道了多少？

什么样的资源或信息可以帮助你？想花多少时间投入在交易学习和操作里面？有足够的时间和精力保证吗？能忍受长久的亏损吗？

（2）练就高超的交易技巧。

有句俗话说得好："熟能生巧。"如果我们在交易中能够自如地发挥自身技术，那么心态的控制自然容易很多。

（3）要养成"说一不二"的习惯。

当然这不是指固执、刻板，而是指自控能力的培养需要有坚定的意志。如按照交易计划进行交易，今日工作今日完。要经常克服懒惰、消极、逃避、贪婪等缺点，凡事从长远考虑，不为眼前的一时一事而放弃未来。

（4）胸怀强烈的责任感。

虽然说交易是个人行为，但你的情绪和交易结果却不仅仅涉及你自身。一方面你的焦虑和烦恼会影响到身边的人，另一方面你的冲动交易会给亲朋好友带来巨大的伤害。想想我们当初的交易目的哪个不是为了让自己和家人生活得更好呢？所以，无论遇到什么样的困难和打击，你都不能忘记肩负的责任，以便在压力面前保持坚强和清醒。

（5）广泛结交各行各业先行者和成功者。

利用图书、网络等资源，来寻找和你同方向并位于你前面的人，然后花更多的时间和他们在一起。通过学习先行者、成功者的经历，来了解在那些惊心动魄、痛不欲生的日子里，他们是怎样度过的，又是什么样的信念和行为，能够让他们在久经沙场中伤痕累累却仍能傲立于人海之中！

经过一段时间后，你会发现没有人可以随便成功，会发现自己的这点磨难是那么微不足道，会发现自己因坏情绪而消沉的日子是多么可惜和不值，更会发现自己的自控能力在和他们的沟通中已经得到了很大提高。

（6）养成每日观照的习惯。

因为观照可以帮助我们平复情绪，增强注意力，从而让我们更好地了解自己、约束自己、提高自己。初级观照者，在观照时选择的地点要保证不被打扰，而观照的时间15分钟左右即可。

总之，自控能力是可以通过后天来培养的，但要注意的是它的培养方法并不是一学就会、一会就用、一用就灵、立竿见影的。这个培养过程将是长期的、系统的，对此你要有足够的心理准备，不要半途而废。

（二）趋势的力量

投资和投机并没有什么差别，利用市场机会进行低买高卖的活动都是投机，不管我们把钱投在哪个市场上，都是想在最短的时间内获得最大的收益，从这个意义上说投资也是投机。一切投资都是投机，唯一的差异是有人承认，有人不承认。就好像吃汉堡，坐在餐桌边吃就是午餐，边走边吃就是便餐，其实都是一样的。

在股市投机中，你只能相信"趋势"这位朋友的话，其他一切人的话都不能相信，包括你的父母老婆，甚至很多时候我们要推翻自己的想法。要认真倾听"趋势"朋友所说的话，并去做，甚至要放弃自己主观的想法。

而在中国的股市中，由于是单边市，只有做多才能赚钱，所以赚钱的想法往往占据着我们的心灵，单边思维往往会蒙蔽我们的双眼，会让我们逆市去操作。在下跌的趋势中，我们时常要去博一下反弹，或者博一下自己的个股会逆势上涨，要知道成功的概率非常低，看看今年大熊市里抢反弹的有几人能赚钱。期货投资者其实最清楚做多与做空的同等重要性，做股还是要做大概率事件！

"上升趋势中，支撑线往往有效，而压力线经常无效；下跌趋势中，压力线往往有效，而支撑线经常失效。"这其实就是趋势的力量。

（三）决定你一生的，是趋势判断力

麦考莱说过一句话：一个单独的激浪或许会很快平息，但是潮流却永远不会停止。

所谓形势比人强，就是趋势就像永远不会停止的潮流，即便是人力也无法与之相抗。纵观历史，但凡能够有所成就的企业或个人，无一不是顺应了历史发展的趋势，而那些失败的，也都是以一己之力逆势而为。一个人若想要取得成功，固然要靠个人的努力，但也要考虑历史前进的方向。所以说：小富看努力，大富靠趋势。

（四）顺天应时，把握未来

如果没有"非典"，马云和他的阿里巴巴会走上一条什么样的发展道路，恐怕很难想象。某种程度上，是那场考验国人的疫情，给了马云一个历史机遇，圆了阿里巴巴的梦。

在2003年之前，中国企业对电子商务的接受程度并不高，人们主要还是采用传统的交易模式进行交易。2001年和2002年，每天在阿里巴巴网站上发布的商业机会数量一直只有3000条左右。但在2003年那样的特殊情况下，传统的交易模式明显处于不利地位，这时候，才开始有越来越多的人把目光投向网上交易。2003年3月阿里巴巴每天新增的会员就达到了3500人，比上一季度增长了50%。与此同时，大量的老会员也增加了在电子商务的使用频率。

据一份资料显示，到2003年底，阿里巴巴每天发布的新增商业机会数达到9000~12000条，比上一年增长了3倍；国际采购商对商业机会的反馈数比上一季增长了1倍；对30种热门中国商品的检索数则增长了4倍；中国供应商客户数比上一年同期增长2倍；每月有1.85亿人次浏览；240多万个买卖询盘（反馈）；来自全球的38万

专业买家和190万会员通过阿里巴巴寻找商机和进行各种交易。

这就是趋势的力量，也是人抓住天时所能取得的赏赐。比如，第一波进入互联网的人，第一批做电商微商的人，炒房的人，大多都赚到了钱。

滚滚长江东逝水，浪花淘尽英雄，能成为一个时代的领军人物，说到底，都是对时代趋势极为敏锐的人。顺应天时，才能事事顺利、赚得盆满钵满。顺应天时，才能预见机会、把握未来。

人们常常说，21世纪以来最大的历史趋势是中国崛起。在过去的40年里，这个国家上演了无数的奇迹，迸发了无限的生机，燃烧了无穷的激情。这背后是天时、地利、人和的叠加，是不可阻挡的历史潮流。

在这样一个时代里，每个普通人都有机会改变自己的命运。可是，我们要记得，别人不可能帮你赢得未来，就算帮助也只是一时，真正的未来要靠自己去赢取。一个人要想把握趋势、赢在未来，就需要有一双可以预见未来的眼睛，用天时、地利、人和，把握未来的发展趋势。这就是所谓的：格局见结局，趋势定一生。

九、最高的境界是知行合一

认知与实践是相辅相成的，不存在谁先谁后，谁重要谁次要的问题。明朝心理学家王阳明说过：知是行的主意，行是知的功夫。知是行之始，行是知之成。若会得时，只说一个知，已自有行在；只说一个行，已自有知在。

巴菲特的投资经历也很好地说明了这一点。在早期，他更倾向于向外界传达他的投资方法，比如如何挑选好公司、如何给一家公司估值等，各种数据、报表信手拈来，如数家珍。随着投资经验与人生阅历的增长，巴菲特越来越倾向于向外界传达自己的投资理念和思想，阐述自己对于投资者、市场与公司的认知，而逐渐弱化具体的操作手法、财务指标的分析等实操层面，其搭档查理·芒格则是在更早的时候就对认知有着前瞻性的洞察，强调投资者心性、品格与思维方式的培养，比如建立格栅思维，说到底都是一种认知方式的培养。

如果我们跳出投资，就会发现这种现象比比皆是。武侠小说里，张三丰教张无忌练自创的太极剑时，要求后者逐渐忘记具体招式。独孤九剑的玄铁重剑上，八个字就总结了一生的武学精髓：大巧不工，重剑无锋。现实生活里，一些领域的专家、"大V"，最后也往往走向返璞归真、忽略奇巧淫技的臻境。

背后的原因并不难理解：实践、技巧只是过程和手段，是动态和表象，认知才是更深层次的本质与规律。一个人成为某个领域的终极大咖，必然是群体中最接近该领域的本质与规律的。有了这种实力，才能有底气忽视具体的操作与技艺。

唯有认知，才能指导实践走得正确和持久，唯有实践，才能验证和强化认知。到了最后，认知与实践应当归于一统，和谐共生于投资者的整个投资过程。

第六章　关于基金

关于私募基金筛选的条件

投资的群体主要分为个人或者是小资金的投资者和专业的机构投资者（比如桥水基金或者是BRK.A），模型又分为平衡基金（市场平均水平）和超额收益（稳定下超过市场水平）。

如果是市场平均水平收益下尽量降低风险和波动，如果是超额收益则也是在合理的风险和波动下的最高收益。

我们谈一下大资金投资需要选择私募基金的筛选条件：

首先确定自己的收益目的和风险波动承受能力（最大回撤、最大亏损、标准差）。

其次确定找到符合自己的产品（债券型、股票型、混合基金型、管理期货、中性、境外等）。

最后挑选适合你的产品，然后挑选最优吻合你的需求的单个私募基金。

我们主要谈下股票型私募基金吧，比较有代表性。

（1）合理长期稳定收益最低得大于10%，最优秀是20%以上，但大于50%的就得谨慎（长期非常难以维持，当然如果你选择到了大奖章基金那样的，那就恭喜你了，不过更多的是赌博式），这个是除去管理费和提成费等一切费用后的收益。

（2）关于最大回撤，通常最优秀的是5%~10%以下回撤，优秀的是15%~25%以下回撤，最大回撤不得大于35%。

（3）关于年化标准差，通常最优秀的是不大于10%标准差，优秀的是10%～20%以下标准差，普通的是20%～30%标准差。大于30%以上的波动率属于劣势。

（4）关于年限的标准，按照严格的长时间筛选掉运气成分，需要10年以上时间，但人生有几个10年的时间呢，基金经理也干不了多久，但短期运气影响成分比较大，一般而言是5～8年比较合理，最次都得3年以上时间才能大概率排除掉运气成分。

（5）关于夏普率标准，优秀的私募基金夏普率都是2以上，最次都是1以上，同时不得低于0.8，低于0.8的还不如购买主流的宽基指数基金，因为指数基金就有0.55左右的夏普率。

（6）关于平均胜率和盈亏比标准，最优秀的是胜率大于65%，优秀的为60%以上，普通不低于55%，盈亏比最次的大于1，优秀为1.5～2.5，非常优秀的大于2.5。

（7）关于评级标准，最次为3年期，合理为5年期，最优秀为10年期，最次为四星级以上，优秀的当然是五星级了。

（8）关于管理和提成费标准，通常为2/20原则，也就是2%的管理费和20%的提成。如果按照年化13%的A股收益，需要基金经理18.25%以上的收益，这个可不简单，如果达到优秀投资者需要15%的收益，需要基金经理20.75%，通常优秀的公司是15%，最伟大的是大于20%，且稳定5年甚至10年以上的时间，如果再加上低卖高买的溢价3%～5%，所以对管理人要求非常高。还有些私募按照月提费用，一年下来又得增加5%左右的提成，对投资者非常不利。所以合理的是0.5%～10%或1%～20%，最大提成的是5%～45%（大奖章基金）不管如何，最后到手的收益不得低于10%，最好是15%以上，当然如果有20%以上那是非常优秀了。

（9）关于平均每月的收益，回撤标准，收益不大于15%～25%，回撤不大于10%～15%

（10）关于私募基金规模标准，超大型100亿元以上，大型20亿～100亿元，中型1亿～20亿元，小型0.1亿～1亿元，微型低于1千万元规模，太小规模清算风险大，太大规模收益率低下，所以我们选择1亿～100亿元是最合理的规模，当然最合适的还得根据自己的需求来调整。也不是说，大于100亿元不可以投资，低于1亿元规模也不可以投入的。

（11）关于合规情况，必须有备案，第三方托管资金账户，人、钱、事，三者分开，避免道德风险。

（12）关于投资理念、言行、收益、总结，持续跟踪半年以上时间。总结：

1）符合自己的脾性，理念，诚实。

2）符合自己的收益和风险偏好。

3）符合法律法规情况。

4）符合能力模型，去除大部分运气情况，也就是幸存者偏差。

5）符合互惠共赢，收益稳定且收费合理。

最后，做好了这些，可以排除八九成的风险，避免踩到大雷，同时资金不可短期重仓，必须一步步地分批投入，一个私募基金或者私募基金公司不得超过个人资产的20%~30%预期投资总额。

第七章　大师的故事

第一节　巴菲特的投资策略与投资故事

一、巴菲特的祖先

1696年，来自法国的约翰·巴菲特迎娶了汉娜·泰特斯，他们是生活在美国土地上的第一户巴菲特人家，也就是巴菲特的祖先。约翰·巴菲特是一位农场主，在西弗吉尼亚的亨廷顿经营自己的农场，这位老先生继承了家族的"优良"传统，身上最大的特点就是"抠门儿"。当时，他雇用自己的孙子悉尼·巴菲特做清洁工，每天只支付50美分的酬劳，并且对他的要求极为苛刻。后来，为了谋求更好的生活，悉尼·巴菲特离开亨廷顿，来到奥马哈投奔自己的外祖父，由此成为奥马哈的第一个姓巴菲特的人。

当时的奥马哈还比较落后，悉尼·巴菲特经过一番考察，开了一家杂货铺勉强谋生，而这家杂货铺也就成了巴菲特家族的财富起点。1859年，后来成为美国总统的林肯考察了奥马哈，他当时正在筹划一条横穿美国的铁路。最终，林肯将奥马哈确定为这条大铁路的起点，从而开启了奥马哈的现代化之路。悉尼·巴菲特很清楚，这条大铁路意味着商机的降临，于是果断将杂货铺迁到了火车站附近，很快扩大成一家综合商店。由于人口不断涌入，商店的生意日渐兴隆，悉尼·巴菲特迅速聚集了一笔财富。

到19世纪末20世纪初，奥马哈已经发展成为一座繁华的现代化城市。悉尼·巴菲特的商店也发展成为家族生意，他的两个儿子陆续进入商店工作，成为他的主要助手。本来，生活可以这样安稳地继续下去，但一场变故打破了这份平静：弟弟欧内斯特·巴菲特爱上了哥哥的女友，并且最终得到了她的芳心。由于违背了家人的意愿，直接伤害了哥哥的感情，欧内斯特·巴菲特被驱逐出家门。为了降低生活成本，他只好搬到奥马哈的郊区居住，并且在那里定居下来。

此时，奥马哈的城市发展已经辐射到郊区。欧内斯特·巴菲特以父亲为榜样，利用自己多年积累的经商经验，开办了一家杂货铺，生意很快便做得风生水起。由于生活和收入日趋稳定，欧内斯特·巴菲特的儿子得以接受正规教育，他就是巴菲特的父亲——霍华德·巴菲特。此人性格温和，对杂货铺的生意丝毫不感兴趣，将主要精力都用在了文学创作上，后来还成为《内布拉斯加月报》的一名编辑。

霍华德·巴菲特有一次出任《内布拉斯加月报》的面试官，遇到了一个名叫利拉·斯塔尔的应聘者。这个女孩儿身材娇小，褐色短发柔滑亮丽，周身散发出不尽的青春活力。在交谈过程中，霍华德·巴菲特发现她言语犀利，而且带着一丝幽默，很有成为时事评论家的潜力。后来他才知道，这个女孩从小学五年级开始，就帮助父亲经营一份名叫《卡明县民主报》的报纸，从选题策划到后期印刷，都早已轻车熟路。只是当时霍华德·巴菲特还不知道，这个女孩儿会成为自己将来的妻子，也就是巴菲特的母亲。

如果不出意外，霍华德·巴菲特将在美国报界崭露头角，最终占有自己的一席之地。可惜他的父亲欧内斯特·巴菲特并不支持他的选择，在父亲的要求下，霍华德·巴菲特不得不放弃自己的文学梦，转而进入一家保险公司工作。利拉·斯塔尔则只能做一些临时性工作，由于不辞劳苦，她的收入倒是比霍德华·巴菲特还高。不过，这个小巧的女人却在身体和性格方面都存在弱点。由于从小承担繁重的体力劳动，她患有严重的头痛病，总会不定期地发作；性格方面，因为她的家族有精神方面的疾病的遗传基因，她在待人接物方面的能力有限，甚至连家务问题都处理不好，包括与家人的正常沟通也比较困难。

结婚之后，夫妇二人搬到了巴克大街，住进了一套二层的平板房中。此时，他们的经济条件并不乐观，一直处于勉强支撑并越来越糟的境地。1928年，夫妇俩的第一个女儿多丽丝·巴菲特降生。分娩引发身体羸弱的利拉·斯塔尔高烧达40.5℃，险些丧命，其性格也变得暴戾。到了1930年，夫妻俩的生活仍然在维持中继续，就在这一年的8月30日，他们迎来了儿子的降生，这就是现在的股神——沃伦·巴菲特。

二、巴菲特详述为什么要买中石油

一名旧金山的股东想知道伯克希尔获利颇丰却颇受争议的中国石油（国营企业中国石油天然气集团（China National Petroleum Corporation）的子公司）投资案的幕后故事是否完全属实。

故事是这样的，巴菲特读了中国石油的年报，认为该公司的股价遭到严重低估，因此在没有参访该公司，甚至没有与其管理团队谈话的情况下，直接于2002年及2003年以4.88亿美元买下了中国石油1.3%的股份。"听说你只读了年报？"现场股东难以置信地问道，"你怎么能单凭年报就断然作出投资决策？"

"那份报告简单易懂，就像雪佛龙石油（Chevron）和康菲石油（ConocoPhillips）的一样"，巴菲特就事论事地答道，"那是2002年、2003年的年报，我读了它，没跟任何人讨论，但我确实做了一件事"，巴菲特说道："我评估了中国石油的其他业务。"

"要了解它的原油、提炼油品和化学产品，不是那么困难，我也这样研究过埃克森（Exxon）和其他公司。我的结论是，中国石油价值1000亿美元，但在股市只值350亿美元。既然如此，我何必还要跟它的管理团队面谈？"

正是如此。巴菲特研究企业的本质，再看其股价，这是完全颠覆传统股票研究的方法。巴菲特的决策不掺杂任何情感，如果企业价值远高于股价，他便迅速采取行动；反之，则舍弃。

巴菲特发现中国石油的价值是现有股价的3倍时，下一个步骤很简单——买进股票。

"没有理由再去推敲你的分析"，巴菲特说，"再进一步推敲分析结果，只是徒然浪费时间，这时你该做的就是买进股票。如果你还得算到小数点后第三位，这显然不是一个好的投资。"

巴菲特重复了去年说过的一句话，只不过说法稍有出入："如果现在有人走进门来，管他们是重350磅还是400磅，我知道他们就是胖。"

也就是以不到四成的价格买入。那么什么时候卖出？虽然2003年巴菲特给中石油估值是1000亿美元，但企业的发展是动态的，他当然没在1000亿美元时抛出中石油。到2007年下半年，中石油的市值增至2750亿美元，伯克希尔将整个持仓脱手时，共有40亿美元入袋。巴菲特的理由是："我们认为这个估值水平和其他大型石油公司相当。"

这个理由，在我们中国的不少证券研究员的眼里恰恰是买入的信号，如果加上"中国溢价"，更应该买。但巴菲特抛出了，他没有说"太贵"，但是"不便宜"。

不便宜就应该售出，如果它仅是好公司。"不便宜"对乐观的人来说，就是"不贵"。"不贵"也许构不成大力抛出的理由，但至少不能"买入"吧。很可惜，我们许多投资者偏偏大力"买入"。

"不贵"只有对"伟大的公司"适用。

三、巴菲特那些我们所不知晓的投资

价值投资其实很难，比以往的"炒股"要难得多，这首先是因为公司的基本面分析起来困难，其次就是持股心态的煎熬。现在谈论价值投资这一说法可以说是烂大街了，也每每提及"股神"巴菲特，但说到基本面，其实没有神，巴菲特也要看基本面进行投资，关注公司业绩至少看5年，因为这样才能看清一个公司的盈利状况，可见对于基本面的分析，巴菲特也未必是神。

他也曾公开承认过近几年的错误投资就有：乐购（Tesco）。2006年首次入股乐购，在接下来的7年里逐步增加对乐购的投资并成为其第三大股东。直到2014年，乐购发布了一系列的盈利预警，并涉嫌虚夸盈利的丑闻，巴菲特才退出并表示投资乐购是一个巨大的错误（这最终给伯克希尔公司造成4.44亿美元的税后亏损）。

沃尔玛。2017年伯克希尔股东大会上，巴菲特和查理·芒格表示在投资沃尔玛上也犯了错误，他们在2016年底抛售了大部分沃尔玛股票，巴菲特并表示，过去并未预料到亚马逊会威胁零售产业。

IBM。2011年买入，在2016年底巴菲特改变对IBM的看法并抛售1/3的持股。在2017年的股东大会上，也辨识对IBM的投资判断错误。

因此，期望一直盈利而不亏的是不现实的，我们知道的只是巴菲特的价值投资为他带来了多少的盈利，而不知道也会有所浮亏。巴菲特尚且如此，只不过他做到了及时止损离场，我们更应注重止损的意义。基本面的分析除了独立思考的能力更要有独立思考的勇气。在2017年的股东大会上总结投资沃尔玛的教训时，巴菲特说道："有的时候，我自己虽然进行学习但还会搞砸。沃尔玛也是一个例子，原来的沃尔玛我们觉得非常好，但结果却不见得。所以执行力是最重要的，要怎么样去执行。"对于一位80多岁的高龄老人而言，不管投资成败与否，他的这份独立思考的勇气就值得我们敬畏。

通过上述几个投资例子可以看出，通过基本面分析并预测公司业绩是静态的，但公司的运作状况毕竟是动态的。也就是说，上市公司这个"盈利组织"本身是不断发展变化的（无论是公司的外部经营环境，内部的组织和人员，公司的生产、研发、销售等基本业务活动，都是不停地动态变化的）。因此，投资者对一家上市公司的基本面分析不是静态的，也绝谈不上一劳永逸这一说法；而是需要动态追踪上市公司基本面的发展变化，尤其是在公司治理（股权、股东会变动、股权激励等）、组织能力（管理层变动、企业文化等）、战略方向等一些方面发生变化时，更需要观察其对后续上市公司基本面的影响是有利的还是阻碍的。假如一家公司的基本面变差，你就要及时离场，尽管当初投资该公司是秉承的价值投资的理念，但价值投资的长期持有也是要依据公司发展状况而定。人尚无完人，更何况是上市公司，因而不要觉得当初投资是价值投资，公司就不会有经营情况恶化。

价值投资其次也就是对于投资者内心的煎熬，我们且不论伪价值投资的危害，就说我们投资的上市公司就是要具有良好成长性的，那么需要我们做的就是长期持有。这四个字说起来简单，做起来却是不容易。大多数人都会有以下几种心情：股价不可能一直上涨，多多少少会有所回调，那么回调是卖还是等待；自己的股票涨得太少，别的涨得多，要不要换等诸多心理状况的发生。因而价值投资首先是对选股能力的考验，更是对人性的考验。

四、巴菲特谈自己在投资上的错误

1998年10月15日，沃伦·巴菲特在佛罗里达商学院演讲时，有人请巴菲特谈谈他的投资失误，巴菲特这样回答：

"你有多少时间？我们犯的错讲三天三夜也讲不完。对我和我的合伙人查理·芒格而言，最有趣的是，我们所犯过的最大的错误不是投错而是错过。有一些我们懂的企业，我们知道我们应该投资，可是我们却坐在那里吮吸大拇指，什么都没做，错过了赚取数以十亿美元计的大钱的好机会。我们确实错过了可能从微软身上赚大钱的机会，这是事实，不过这没有什么意义，因为我们永远都弄不懂微软。但如果我能在医疗保健股票上赚几十亿元，这个钱就应该赚到，但是我没有，当克林顿政府推出医疗保健计划时，医疗保健公司获益匪浅，我们应当在那个领域赚得盆满钵满的，因为这个行业我懂。但我们没有赚到。"

"回想20世纪80年代中期，我们本应该在房利美上获利颇丰，但也没赚到。这些都是代价几十亿美元甚至几百亿美元的超级错误，GAAP财务报表上体现不出这一点。有些错误你们看到了，若干年前，我购买美国航空的优先股是一个错误，当时我手里有很多现金没地方投资，就购买了美国航空的优先股，我手里的闲置现金一多，就容易犯错。"

"每当这种时候，查理·芒格就会让我去酒吧转转，不要总是滞留在办公室里（笑）。但我还是待在办公室里，兜里又有闲钱，在这种情况下我就会干蠢事。这种事情经常发生。当时我投资了美国航空的优先股，没人逼我买。现在我有一个800的电话号码，每次我打算买航空公司的股票时，就打这个电话，我对他们讲我是沃伦，我是航空股票痴，他们总是劝我别买，不断地和我聊，让我别挂电话，不要仓促地作出任何决定。但在美国航空的优先股上，我最终还是没能控制自己的冲动。曾经有一段时间，这笔投资看起来似乎要血本无归了，你可以说，这笔投资我们活该赔得精光。"

"我们购买美国航空的优先股是因为该股票很吸引人，但这个行业一点也不吸引人。在所罗门公司上我犯的错误和美国航空一样，我购买了一家有吸引力的公司的证券，但我根本不会投资这家公司的股票，购买这些证券只是因为很喜欢该证券的投资条款，却不怎么喜欢这家公司。以前我犯过这方面的错误，以后可能还会重犯类似的错误。更大的错误是因为错失造成的，想当年，我只有1万美元资本的时候，拿出2000美元投资辛克莱尔服务站公司，结果这笔投资失败了，当时那笔钱的机会成本折算到现在价值差不多60亿美元，这个错误真的很大。伯克希尔的股价下跌我还觉得好受一些，因为辛克莱尔服务站投资的机会成本相应就小了一些。当时的那笔亏损相当于我全部资金的20%。"

"我可以这么说，尽可能多地从别人的错误中吸取教训无疑更好，但是在伯克希尔，我们从不花时间后悔。我有一个搭档——查理·芒格，我们合作了40多年，从来没有吵过架，我们在许多事情上都有不同的意见，但从来没有争吵过。"

"我们从不后悔。我们觉得未来有大好的前景等着我们，因此后悔过去做了什么或者没做什么没有意义，人只能向前活，不能倒着活。你可能会从错误中吸取教训，但更重要的是坚持投资那些你懂的企业。如果你犯了超越能力圈的错误，比如听信别人的小道消息购买证券等之类，或者投资了一家你一无所知的企业，你就应该从这些错误中吸取教训，以后要一直待在你的能力圈之内。当你作决策时，应该看着镜子里的自己，扪心自问：我以55美元一股的价格买入100股通用汽车的股票是因为……，如果你买了，赚或赔就怨不得别人。你的买入一定要有理由，如果无法陈述自己的理由，就不要买。"

"如果仅仅是因为有人在鸡尾酒会上提起过，这个理由远不是充分的。"

"成交量或技术指标看上去不错"这个理由也不充分，你买入必须是因为你想获得这家企业的部分所有权，我们一直严格遵守这个原则，这也是格雷厄姆教给我的。

五、巴菲特早期运作合伙公司进行投资的三种策略

第一种策略是大家最熟悉不过的把资金投资于低估值的普通股，巴菲特会把25%~50%的资金投入到5~6只普通股上。这种投资策略与指数呈正相关关系；指数涨这部分投资组合上涨概率就会大，指数跌这些股票也会跌。

第二种策略是套利。这部分结果与个别公司具体行动密切相关，与道琼斯指数相关性不大。套利这种策略会让巴菲特在熊市的时候获取稳定的收益，巴菲特会一直保持着10~15个套利式投资，每个套利机会会为巴菲特提供10%~15%的收益。

这样的结果是，在熊市中巴菲特能够利用套利来弥补那些低估值股票随市场继续下跌所造成的损失。当然在牛市由于大部分低估值股票都会大幅度上涨，套利的部分收益虽然稳定但是有限，这样就会造成套利部分会拖累整个投资组合的业绩。好处是巴菲特会利用套利能够平滑自己的投资收益。

第三种策略是控股权投资。巴菲特说，有些投资变成控股权投资的原因是，该公司的股价一直低迷，巴菲特能够在股价低估的位置不断地买进该公司的股票。

如果该公司的股价在巴菲特买入后迅速上升，巴菲特无法成为控股股东。他就会在股价上升后卖出这部分股权，以获得投资收益。

从这个意义上来说，巴菲特所购买的股票是那些估值比较低的

证券。也就是说，巴菲特会购买那些即便无法成为控股股东，也会因为低估值而获益。区别于前几年国内风靡的壳炒家，后者只会利用资金优势，迅速地购买上市公司大量的股权成为控股股东。

有些时候壳炒家之所以买入某家公司，只是冲着控股权去的。该公司的股票并没有被低估，企业也没有什么竞争力，只要成为控股股东，他们就能够施展资本运作的手段。他们这么做会增加自己的风险，而巴菲特的买入价格比较低，所以就会安全得多。

六、巴菲特回忆老师格雷厄姆

巴菲特曾经说过："我就是从模仿大师开始的，50年前我在哥伦比亚大学开始学习格雷厄姆教授的证券分析课程。在此之前的10年里，我一直盲目地热衷于分析、买进、卖出股票，但是我的投资业绩却非常一般。从1951年起我的投资业绩开始明显改善，但这并非由于我改变饮食习惯或者开始运动，我唯一增加的新的营养成分是格雷厄姆的投资理念。原因非常简单：在大师门下学习几个小时的效果，远远胜过我自己过去10年里自以为是的天真思考。"

"我的老师格雷厄姆是一位很出色的投资专家，从在内布拉斯加大学读到他关于投资的著作开始，我就开始向他学习了。那时，我尝试过各种各样的投资，但他的言论，特别是在《聪明的投资者》中所提及的，极大地扩展了我的视野，比如'安全边际'以及如何利用'市场先生'而不是让它利用等。"

"接着，我去了哥伦比亚大学，成为他的门生，可后来当我申请为他工作时却被他拒绝了。即便是回到奥马哈之后，我还是放不下这个念头。我一直尝试向格雷厄姆推荐股票，甚至有点纠缠不休的意思。终于在1954年的某一天，我收到了他的来信，说下一次我到纽约的时候，他想跟我谈谈。我简直是心花怒放啊！于是，我就立马筹划前往纽约。"

"1954年8月，我开始为格雷厄姆工作，也压根儿没问薪水几何。结果我领到了12000美元，下一年度我还拿到了2000美元的奖金。我同时为公司两个部门工作：格雷厄姆一纽曼公司是一家投资公司，而纽曼&格雷厄姆有限公司是我们现在称作对冲基金类型的公司，但两家公司加起来也只经营着1200万美元。"

"沃尔特·施洛斯和我在一间小屋里共过事，不过他不久之后就离开公司，创办了一家对冲基金。我们在一起很开心，我们常常一起研读投资人手册，寻找便宜的股票。我们从未走访过任何一家公司，因为怀疑其真实性。每当我们发现不错的目标时，格雷厄姆就会投入5万美元。"

"到了1956年初，格雷厄姆打算离开公司去加利福尼亚。我也决定重返奥马哈。如何开口告诉他，真是让我犯了愁：我走进他的办公室又出来，然后再进去，结果还是张不开口，如此折腾了很长时间。不过，格雷厄姆的反应很像我的父亲，他说：选择最适合你的道路。"

"1950年底，我有差不多9800美元，而到1956年，我已经有15万美元了。我想，有了这笔钱，我可以过上国王般的生活了。我不知道回奥马哈后究竟该做些什么，也许去念法学院，我毫无计划，当然也没想过要创建投资合伙公司。不过，几个月之后，有7个人找上门来，希望我帮他们管理资金，而且是通过合伙公司的方式。这就是后来一切的发端。"

第二节　技术分析之父——沙巴克

如果你进行股票投资，想学习技术分析，有一本书你必须要读，而且只需要学习这本书你就可以精通技术分析，这本书就是《技术分析与股票盈利预测》，作者：理查德·沙巴克，他被誉为"技术分析之父"。

沙巴克第一个将图表的形态分类，研究创立了"逆转与持续"理论和"缺口"理论，并将趋势线的使用定型并充分强调了支撑位和阻力位的重要性。

沙巴克英年早逝，只活了30多岁，下面是从纽约金融博物馆得到的一些关于沙巴克生前的点点滴滴！

1917年，沙巴克被普林斯顿大学录取。1921年以排名22（共

212位）获经济学学士学位，1921~1923年他在纽约FED工作，在那里，他构建了1872年以来的指数走势图（纽约证交所1871年开始连续交易）。他可能短期在标准统计局工作过一段时间，1923年他重返普林斯顿大学以完成研究生课程，次年他如愿获得文学硕士学位。

1925年起，沙巴克供职于福布斯。因备受福布斯的创始人B. C. Forbes的赏识而很快提升为副主编。这是他短暂一生中最辉煌的时期，他存世的3本经典都是在此期间完成。特别是我们今天看到的洋洋450多页的《技术分析和股票市场盈利》是在一个12周为一期的讲座基础上整理而成的。当时这一期讲座要100美元。

1930年9月2日，沙巴克成家。妻子是时装设计师 Elizabeth (Larrie) Edwards。他们育有两子。不幸的是，1935年9月7日，沙巴克在纽约北郊的New Rochelle去世。官方记载他死于枪伤(Self-inflicted)。自杀原因不详。警察报告说最近3个月他一直有病，10天前刚从康州Cromwell的疗养院出来。

沙巴克是我的精神导师之一，他的理论在我的投资体系里占据比较重要的位置。

附录　本书部分金融术语解释

短线：即短期投资，一般而言，投资时间在一年以内的为短线。

长线：即长期投资，一般而言，投资时间在一年以上的为长线。

回撤：可以简单地理解为股票或者基金在一段时间内到达一个较高的价格后，股票或者基金的价格会出现下跌。如果在一段时间内出现了最大回落情形，这时就叫最大回撤。

投资组合：是由投资人或金融机构所持有的股票、债券、金融衍生产品等组成的集合，目的是分散风险。

抄底：是指以某种估值指标衡量股价跌到最低点，尤其是短时间内大幅下跌时买入，预期股价将会很快反弹的操作策略。

逃顶：是指在股票价格上涨过程中,估计快要到顶部,价格要从上涨转为下跌的时候,就果断卖出,这就是所谓的逃顶。

内在价值：一家企业在其余下的寿命之中可以产生的现金的折现值。

市盈率：是指股票价格除以每股收益的比率，或以公司市值除以年度净利润。

安全边际：简单来说，安全边际就是股价低于上市公司的内在价值。如果这家上市公司每股股票内在价值为10元，但是当前的股价是8元，那么中间差的2元就是安全边际。

逆向思维：也称求异思维，它是对司空见惯的似乎已成定论的事物或观点反过来思考的一种思维方式。

护城河：是一种比喻，通常用它来形容企业抵御竞争者的诸多保障措施。

复利：是一种计算利息的方法。按照这种方法，利息除了会根据本金计算外，新得到的利息同样可以生息，因此俗称"利滚利"。

净资产：企业的净资产，是指企业的资产总额减去负债以后的净额，在数量上等于企业全部资产减去全部负债后的余额，属于所有者权益。净资产就是资产负债表中的所有者权益。

自由现金流：是一种财务方法，用来衡量企业实际持有的能够回报股东的现金。指在不危及公司生存与发展的前提下可供分配给股东的最大现金额。

并购：指的是两家或者更多的独立企业，合并组成一家企业，通常由一家占优势的公司吸收一家或者多家公司。并购的内涵非常广泛，一般是指兼并(Merger)和收购(Acquisition)。

商誉：作为企业的一项资产，是指企业获取正常盈利水平以上收益(超额收益)的一种能力，是企业未来实现的超额收益的现值，具体表现为在企业合并中购买企业支付的买价超过被购买企业净资产公允价值的部分。

零和博弈：指参与博弈的各方，在严格竞争下，一方的收益必然意味着另一方的损失，博弈各方的收益和损失相加总和永远为"零"，双方不存在合作的可能。

超额收益：简单来说，是指企业收益超出平均收益的部分。